増補改訂

「バルメン宣言」を読む

告白に生きる信仰

朝岡 勝
masaru asaoka

凡例

一　本文中に引用した「バルメン宣言」の訳文は『信条集 後篇』（新教出版社、一九五七年）によりました。あわせて『バルメン宣言研究』（日本基督教団出版局、一九七五年）、『改革派教会信仰告白集Ⅵ』（一麦出版社、二〇一二年）所収の雨宮栄一先生の訳文、および『十字架とハーケンクロイツ』（新教出版社、二〇〇〇年）所収の宮田光雄先生の訳文を参照いたしました。

二　多くの先生方の貴重な研究から数多く教えられましたが、学問的な書物でないため、注は最小限にとどめてあります。またおもな参考文献は巻末に記しました。

三　聖書の引用は、宣言訳文が用いる口語訳のほかは、新改訳２０１７を用いました。

目　次

目　次

「ドイツ福音主義教会の今日の状況に対する神学的宣言」

（バルメン宣言　一九三四年）

ドイツ福音主義教会は、その一九三三年七月十一日の憲法前文に従えば、宗教改革から生まれた等しい権利を持って並存している諸告白教会の同盟である。これらの諸教会を結合している神学的前提は、一九三三年七月十四日に政府によって承認されたドイツ福音主義教会の憲法第一条及び、第二条第一項において次のように述べられている。

第一条　ドイツ福音主義教会の侵すべからざる基礎は、聖書において我々に証しされ、宗教改革の信仰告白において新しく示されたイエス・キリストの福音である。教会がその使命のために必要とする一切の権限は、この事実によって規定され、かつ制限されている。

第二条第一項　ドイツ福音主義教会は、諸教会（州教会）に分かたれる。

ドイツ福音主義教会の告白会議に集まった我々ルター派教会、改革派教会、合同派教会の代表者、及び独立している諸々の教会会議、諸大会、諸団体の代表者は、我々がドイツの告白諸教会の同盟としてのドイツ福音主義教会という地盤の上に、ともに立っていることを宣言する。その際、我々を結合するものは、唯一にして聖なる普遍の使徒的教会のただ一人の主に対する信仰告白である。

我々は、この信仰告白の連帯性と同時にドイツ福音主義教会の一致が、極度の危険にさらされているという事実を、ドイツにおける全福音主義教会の前に、公に宣言する。それが脅かされているのは、ドイツ福音主義教会成立の最初の年に次第に明らかになってきた、ドイツ的キリスト者という有力な教会的党派及びその党派によって支持されている教会当局の指導方式・行動方式による。この脅威というのは、ドイツ福音主義教会を統一している神学的前提が、ドイツ的キリスト者の指導者・代表者によっても、また教会当局によっても、絶えず根本的に他の様々な前提によって妨害され無効なものにされているという事実である。我々の間で効力を持っているほどの信仰告白に従っても、もしそのような諸前提が通用するならば、教会は教会でなくなる。

従ってそのような諸前提が通用するならば、ドイツ福音主義教会もまた、告白教会の同盟として、内的に不可能となるのである。

我々は今日、この事柄に関して、ルター派・改革派・合同派各教会の肢々として、共同して語り得るし、また語らねばならない。我々がそれぞれの異なった信仰告白に対して忠実でありたいと願い、またいつまでも忠実でありたいと願うゆえにこそ、我々には沈黙が許されない。それは、共通の困窮と試練の一時代の中にあって、我々は一つの共通の言葉を語らしめられると信じるからである。このことが告白教会相互の関係にとって、どのようなことを意味しようとも、我々はそれを神に委ねる。

我々は、教会を荒廃させ、そのことによってドイツ福音主義教会の一致をも破壊する「ドイツ的キリスト者」及び今日のドイツ教会当局の誤謬に直面して、次の福音主義的諸真理を告白する。

第一項

「わたしは道であり、真理であり、命である。だれでもわたしによらないでは、父のみもとに行くことはできない」（ヨハネ一四・六）。

「よくよくあなたがたに言っておく。わたしは羊の門である。わたしよりも前にきた人は、みな盗人であり、強盗である。……わたしは門である。わたしをとおっている者は救われ……る」（ヨハネ一〇・七〜九）。

聖書において我々に証しされているイエス・キリストは、我々が聞くべき、また我々が生と死において信頼し服従すべき神の唯一の御言葉である。

教会がその宣教の源として、この神の唯一の御言葉のほかに、またそれと並んで、さらに他の出来事や力、現象や真理を、神の啓示として承認し得るとか、承認しなければならないなどという誤った教えを、我々は斥ける。

第二項

「キリストは神に立てられて、わたしたちの知恵となり、義と聖とあがないとになられたのである」（Iコリント一・三〇）。

イエス・キリストは、我々のすべての罪の赦しについての神の慰めであるのと同様に、またそれと同じ厳粛さをもって、彼は、我々の全生活に対する神の力ある要求でもある。彼によって我々は、この世の神なき束縛から脱して、彼の被造物に対する自由な感謝に満ちた奉仕へと赴く喜ばしい解放が与えられる。

我々がイエス・キリストのものではなく、他の主のものであるような、我々の生の領域があるとか、我々がイエス・キリストによる義認と聖化を必要としないような領域があるなどという誤った教えを、我々は斥ける。

第三項

「愛にあって真理を語り、あらゆる点において成長し、かしらなるキリストに達するのである。また、キリストを基として、全身はすべての節々の助けにより、しっかりと組み合わされ……る」（エペソ四・一五、一六）。

キリスト教会は、イエス・キリストが御言葉とサクラメントにおいて、聖霊によって、主として、今日も働きたもう兄弟たちの共同体である。教会は、その服従によっても、またその信仰によっても、その秩序によっても、またその使信によっても、罪のこの世にあって、恵みを受けた罪人の教会として、自分がただイエス・キリストの所有であり、ただ彼の慰めと指示によってだけ彼が現れたもうことを期待しつつ生きているということ、生きたいと願っていることを証ししなければならない。

教会が、その使信やその秩序の形を、教会自身の好むところに任せてよいとか、その時々に支配的な世界観的確信や政治的確信の変化に任せてよいなどというような誤った教えを、我々は斥ける。

第四項

「あなたがたの知っているとおり、異邦人の支配者たちはその民を治め、また偉い人たちは、その民の上に権力をふるっている。あなたがたの間ではそうであってはならない。かえって、あなたがたの間で偉くなりたいと思う者は、仕える人と……ならねばならない」（マタイ二〇・二五、二六）。

教会に様々な職位があるということは、ある人々が他の人々を支配する根拠にはならない。それは教会全体に委ねられ命ぜられた奉仕を行うための根拠である。

教会が、このような奉仕を離れて、支配権を与えられた特別の指導者を持ったり、与えられたりすることができるとか、そのようなことをしてもよいなどという誤った教えを、我々は斥ける。

第五項

「神をおそれ、王を尊びなさい」（Iペテロ二・一七）。

国家は、教会もその中にあるいまだ救われていないこの世にあって、人間的な洞察と人間的な能力の量りに従って、暴力の威嚇と行使をなしつつ、正義と平和のために

配慮するという課題を、神の定めによって与えられているということを、聖書は我々に語る。教会は、このような神の定めの恩恵を、神に対する感謝と畏敬の中に承認する。教会は、神の国を、また神の戒めと義とを想起せしめ、そのことによって統治者と被治者との責任を想起せしめる。教会は、神がそれによって一切のものを支えたもう御言葉の力に信頼し、服従する。

国家がその特別の委託をこえて、人間生活の唯一にして全体的な秩序となり、したがって教会の使命をも果たすべきであるとか、そのようなことが可能であるなどというような誤った教えを、我々は斥ける。

教会がその特別の委託をこえて、国家的性格、国家的課題、国家的価値を獲得し、そのことによって自ら国家の一機関となるべきであるとか、そのようなことが可能であるなどというような誤った教えを、我々は斥ける。

第六項

「見よ、わたしは世の終りまで、いつもあなたがたと共にいるのである」（マタイ二八・二〇）。

「しかし、神の言《ことば》はつながれてはいない」（Ⅱテモテ二・九）。

その中にこそ教会の自由の基礎があるところの教会への委託は、キリストにかわって、したがってキリストご自身の御言葉と御業に、説教とサクラメントによって奉仕しつつ、神の自由な恵みの使信を、すべての人に伝えるということである。

教会が、人間の自立性において、主の御言葉と御業を、自力によって選ばれた何かの願望や目的や計画に奉仕せしめることができるというような誤った教えを、我々は斥ける。

ドイツ福音主義教会の告白会議は、以上のような諸真理を承認し、以上のような諸誤謬を斥けることが、告白教会の同盟としてのドイツ福音主義教会の不可欠な神学的基礎と考える、ということを宣言する。この告白会議は、その宣言に賛同し得るすべての人々に対して、彼らが教会政治的決断を行う際に、この神学的認識を記憶するように要求する。また関わりあるすべての人々が、信仰と愛と希望の一致の中へと帰り来るようにとこいねがう。

「神の御言葉は永遠に保つなり。」(verbum Dei manet aeternum.)

序章　いま、この時に「バルメン宣言」を読むということ

1　バルメン宣言を読み続けて

バルメン宣言が採択された歴史的な場所、南西ドイツ、ライン川の支流ヴッパー川の流れる工業都市ヴッパータールのゲマルケ教会を訪ねたときのことです。教会のすぐ近くに商店街があり、その石畳の街路の真ん中にひっそりとモニュメントが建っていました。道行く人々が足早に通りすぎていくなか、そのモニュメントに近づいてみると、一瞬にして心が強く惹きつけられるのを感じました。

台座の上面に群衆の立像が彫られており、大勢の人々が一つの方向に向かい、右腕をまっすぐに上に伸ばしている。その反対側には、彼らに背を向けて肩寄せ合うように集まる一握りの人々がいる。彼らの顔は一隅にいるひとりの人のほうへと傾いている。それは耳を澄ましているようにも見え、目を凝らしているようにも見える。その先をよく

見てみると、このひとりの人の手には一冊の書物が開かれている。そして台座には、次のことばが刻まれていました。

「聖書において我々に証しされているイエス・キリストは、我々が聞くべき、また我々が生と死において信頼し服従すべき神の唯一の御言葉である。」

台座に刻まれていたのは、バルメン宣言第一項のことばです。このモニュメントは、まさしくバルメン宣言第一項にあらわされた信仰告白の闘いの姿を表現したものでした。一つの方向に向かって群衆が高く掲げる右手。それは、あの「ナチ式敬礼」をする姿です。そうやって多くの人々が右手を挙げるなかで、しかし、それら群衆に背を向けて集まる人々がいる。そして彼らが頭を傾け、耳を澄まし、じっと見つめている先に開かれている書物、それが聖書なのです。

社会を一つの方向に押し流そうと、怒濤のように押し寄せる時代の濁流の中に立ち、その流れに抗って、イエス・キリストのみが、我々が聞き、信頼し、服従すべきことばだと信じる。たとえほんの一握りの集まりであっても、たとえ最後はひとりになったとしても、イエス・キリストこそが主であると告白し続ける。そのような信仰の闘いの時代を迎えていることをひしひしと感じるいま、この時、バルメン宣言を読むこと、そのことばから学ぶことの意義は、ますます大きなものとなっていると思います。

二〇〇八年四月から二〇〇九年二月にかけて、キリスト者学生会の関東地区主事会主催セミナーとして、月に一度、金曜日の夜に「バルメン宣言を読む」と題しての連続講義を行いました。ドイツ告白教会闘争の金字塔ともいうべき「バルメン宣言」を通して、いまの時代の私たちの信仰を整え、これからの終末の時代にイエス・キリストを主と告白

ゲマルケ教会の近くにあったモニュメント（ドイツ、ヴッパータールにて）。
【左】同じ方向を向き、「ナチ式敬礼」をする群衆。【右】その反対側で、群衆に背を向けて書物を読む少数の人々。台座にはバルメン宣言第一項の言葉が彫られている。

し続ける信仰のリアリティーを身に着けたいとの願いのもとに始められたものです。若い世代の方々に骨太な信仰の学びを提供したいという主事の方々と、それに応えるようにして集まって来る大学生や社会人青年たちによって、毎回、三十名近い方々が集まり、熱心な学びと討論が行われたのでした。

それ以前の二〇〇四年六月十三日から九月五日にかけて、私がお仕えする徳丸町キリスト教会の夕拝においてバルメン宣言に基づく連続説教を語りました。この年がバルメン宣言七十周年にあたることから、そのささやかな記念の意味も込めての取り組みでした。さらにその十年後、二〇一四年二月から八月にかけても、再び全十四回の説教を語りました。バルメン宣言八十周年の記念とともに、日本の教会にとってさらに差し迫った信仰告白のことばとして、これに学ばねばならないという思いがあってのことです。

この時の忘れがたい経験として、二〇一四年三月三十日の夕拝に朝日新聞大阪本社の取材が入り、四月二十八日の大阪本社版夕刊で、その礼拝の様子が取り上げられるということがありました。東京の片隅にある教会の二十名足らずの小さな礼拝の様子が一般紙に載るというのも、時代の空気の中に忍び寄るナショナリズムや排外主義の動きに対して、このような取り組みが一つのしるしとしての意味として見いだされた、そのような証しの出来事となったのです。

2　告白に生きる信仰を求めて

①自分自身のルーツから

「福音派」と呼ばれる教会の伝統のもとで生まれ育った私は、「バルメン宣言」ということばすら聞いたことがありませんでした。しかしやがて伝道者としての召命を受け、神学と教会の歴史を学び始めるなかで、ヒトラー時代のドイツにおいて信仰の闘いを続けた「ドイツ告白教会闘争」の歴史に触れるようになりました。というより、一人の信仰者として、また一人の伝道者、牧師として、いま、この時代にこの国で主の教会を建て上げていこうとしたときに、避けて通ることのできない課題として、このテーマと出会ってしまった、というのが本音のところです。

私は母方で数えると四代目のクリスチャン、四代目の牧師家庭に生まれました。母方の祖父、安藤仲市は戦後、日本同盟基督教団をはじめとして福音派のキリスト教界において一つの働きを担った牧師でした。戦前から戦中にかけて旧きよめ教会に属する牧師であり、一九四二年（昭和十七年）六月二十六日のホーリネス牧師一斉検挙の際に特高警察によって逮捕・拘留された経験の持ち主でありました。

祖父の体験談を子どものころに聞かされるなかで、私自身はこの国においては真の神を信じる自由、礼拝する自由、宣べ伝える自由が決して自明なものでないことを肌に感じてきたように思います。しかし、それでも私自身は戦時中の日本の教会の「被害者性」の側面だけを見ていたにすぎませんでした。

②書物との出会いを通して

そのような私が、教会と国家の問題について考え始めるきっかけとなったのは、高校三年生の春休みに読んだ、渡辺信夫先生の『教会論入門』（新教出版社、一九六三年）との出会いでした。この本との出会いは、私にとって決定的なものとなりました。以後、この本に手引きされるようにして、ウィルヘルム・ニーゼルの『教会の改革と形成』、オットー・ブルーダーの『嵐の中の教会』、また、一貫してヒトラー政権と向き合い、最後は殉教の死を遂げたディートリヒ・ボンヘッファーや告白教会闘争の指導的役割を果たした神学者カール・バルトの神学と実践に学ぶようになりました。

その後、雨宮栄一先生、佐藤司郎先生、河島幸夫先生、加藤常昭先生、そして宮田光雄先生の著書を通して、ナチの時代のドイツ告白教会の闘い、そしてバルメン宣言と出会うことになったのです。

ドイツの戦時中の教会の歴史について学び考えることは、必然的に日本の教会の戦時下の姿を知ることへと繋がっていきました。そのなかで、日本の教会の被害者性とともに、自ら進んで天皇制国家に順応し、国民儀礼の名の下に、神社参拝や天皇崇拝を拝んだ偶像礼拝の罪と、アジアへの侵略戦争に加担していった戦争協力の罪とに次第に目が開かれるようになっていきました。さらに韓国の殉教者朱基徹《チュキチョル》牧師の信仰と生涯に触れて、特に日本の教会の加害者性、妥協と敗北の問題を、大きな衝撃とともに知ることとなったのです。

③いま、この時に――教会形成の問い

やがて神学校を卒業し、伝道の場に遣わされ、御言葉に仕える務めを続けるなかで、教会とは何か、主の教会を建て上げるとはいかなる業なのか、教会を建て上げるものは何なのか、しかもこれらが抽象的なことでなく、この現代の日本という社会におけるリアルな課題として考え続けるなかで、ドイツ告白教会闘争の姿から多く教えられました。その後、再び学びの機会が与えられ、さらに東京の教会に遣わされて奉仕を続けるなかで、自らのうちに〝告白的な教会の形成〟という課題が深められていったのです。

東京の教会に赴任した二〇〇〇年頃から、牧会のなかで「バルメン宣言」を繰り返し

読み続けてきたのと同時進行のようにして、日本の社会は急速に右傾化、国家主義化の度合いを深めています。一九九九年の国旗・国歌法成立以後、二〇〇三年の東京都教育委員会の「一〇・二三通達」から始まった国旗・国歌の学校現場での強制、二〇〇六年の第一次安倍内閣発足、教育基本法改悪、東日本大震災後の第二次安倍内閣発足と、その後の特定秘密保護法の成立、国家による教育への露骨な介入、国家神道復古を目指す右派政治勢力の台頭、近隣諸国に対する憎悪、在日外国人の方々に対するヘイトクライム、解釈改憲による安保法制の成立と九条改憲への前のめりな姿勢、共謀罪法の成立、行政府による隠蔽、改竄などの情報操作……、それこそ怒濤のように押し寄せるさまざまな問題の中で、日本の教会も「信仰告白の事態」(status confessionis)が起こっているとの認識を持たざるを得ない状況にあります。

このような時代状況のもとで、いま、この時にバルメン宣言を読むということには、過去の外国の教会の歴史の学びにとどまらず、これからの私たちの教会の信仰告白的闘いへの備えとしての意味があると確信しています。

3 「信仰告白の事態」（status confisionis）と今日の状況

「信仰告白の事態」（status confessionis）とは、神の御子イエス・キリストのみを唯一の「主」と言い表す信仰告白が脅かされ、揺るがされるような危機的な事態を指すことばです。そして、そのような事態においてこそ教会が何を信じ、何によって生かされているかを明確に告白することが求められる、決断的な事態を指すことばでもあります。*1

この概念が生み出されてきた背景には、一六世紀半ばから後半にかけてのローマ・カトリック教会とルター派教会とのせめぎ合いがありました。当時、ルター派教会は皇帝カール五世の圧力のもと、カトリックとの間に妥協的な態度を取ることを求められ、そのなかで、ルター派内部で「アディアフォラ」の教説が用いられることになりました。「アディアフォラ」とは、「どちらでもよいもの」を意味することばで、パウロがコリント人への手紙第一、八章で偶像にささげられた肉を食べることの是非を論じた際に、各自が信仰の良心に基づいて判断するように勧めた箇所に由来するものです。

ルター派内部では、「教会が立ちもし、倒れもする条項」と呼んだ中心教理である「信仰義認論」が脅かされないかぎりは、その他の事柄は基本的に「アディアフォラ」

（どちらでもよいもの）とするメランヒトンを中心とした調停派と、より明確な立場を取るよう求めたアムスドルフやフラキウスといった強硬派の間に論争がなされます。強硬派はメランヒトンたち調停派に反対して、「信仰告白の事態と躓《つまず》きの事態において（in statu confessionis et scandali）は、アディアフォラは存在しない」と主張し、この立場がやがてルター派の正統的な立場として取り入れられていくようになったのです。

このような一六世紀のルター派正統主義時代の神学概念が、あらためて現実の問題として意識されるようになったのは、教会が国家権力と向き合うなかで、キリストの主権を告白することが脅かされる状況が起こってきた時でした。その顕著なあらわれが、二〇世紀前半に起こった第二次世界大戦下での「ドイツ告白教会闘争」だったのです。

以上のような理解を踏まえて、私自身は、昨今の日本の教会の置かれている状況が「信仰告白の事態」であるとの認識を持つに至っていますが、事柄が「事態」であるゆえに、すべての人が共有できる認識になるための客観性がいかに担保されるか、という点で困難さがあります。その際に、考えるべきポイントとして主に四つの点を挙げておきます。

第一に「そもそも『信仰告白の事態』とはいかなる事態か」、第二に「その事態が『信仰告白の事態』であるという基準は何か」、第三に「『信仰告白の事態』とは、教会や信仰者だけに関わる問題か」、第四に「『信仰告白の事態』が現実となったらどうするのか」ということです。

①「信仰告白の事態」とはいかなる事態か

私がいまの状況を「信仰告白の事態」との結びつきで意識するようになった最初のきっかけは、一九九九年の「国旗・国歌法」の成立、東京都教育委員会が二〇〇三年に発した「一〇・二三通達」によって、公立学校の教師たちに対して、式典における日の丸掲揚、君が代斉唱が強制され始めたことにあります。その後、大阪での「国旗国歌条例」(二〇一一年)、「職員基本条例」(二〇一二年)に見られるように、この強制の流れはいよいよ強まっています。

かつてカール・バルトは、ドイツにおいて公務員に対してヒトラーへの全面的な忠誠を誓う宣誓が義務づけられたとき、これを「信仰告白の事態」と認識して拒否し、その結果、ボン大学を罷免され、裁判にかけられました。

「日の丸・君が代」強制の問題は、信仰者である教師たちにとっては、まさにバルトの立たされた状況と通じるところがあります。「日の丸・君が代」が価値中立であるか否か、その偶像性はないのか、むしろパウロがコリント人への手紙で扱った「偶像にささげた肉」なのか、強制だけが問題なのか、これらについてもキリスト者のスタンスは決して一様ではありません。しかし、私自身は日の丸への礼、君が代斉唱の強制は明らかに偶像礼拝性を帯びていると考えており、国家権力がそのような偶像礼拝的な行為を強制し、不服従の場合はペナルティを科すという現状は、当事者であるキリスト者教員のみならず、日本の教会にとっても信仰告白の事態がすでに来ていることの明らかな印であると言わねばなりません。

②「信仰告白の事態」であるという基準は何か

第二に「その事態が『信仰告白の事態』であるという基準は何か」ということがあります。これは非常に難しい問題で、客観的で明瞭なポイントがいくつかあり、それらが一定数以上侵害されたり、歪められたりしたらアウト、という類のものとは性質が異なるでしょう。何がアディアフォラで、何がアディアフォラでないかの識別は、究極的には各々の信仰の良心が察知し、反応することになるのだと思います。

ただ、それではあまりに主観に傾きすぎたり、解釈が無制限に拡大されたりして、場合によっては何もかもが信仰告白の事態ということになってしまいかねません。この点で各個教会、教団教派内での十分な事実認定と共通理解の形成、それによってなされる教会としての意思表明や具体的行動についての、会議による決定などのプロセスは、できるかぎり尊重されるべきでしょう。

その一方で、事実認定のための客観的な基準作りや、幅広く共有理解を得ること、教会として取る行動の根拠の確実さや厳密さを追求することが、結果的に問題の認識を遅らせたり、人々の意見の集約を困難にさせたり、コンセンサスを得るつもりがかえって混乱や対立、果ては分裂を産み出しかねないという恐れもあります。

ナチ時代の告白教会会議も、教会法的な手順に沿った議論を決して疎かにはしなかったものの、最終的には「帝国教会」憲法という教会法に違反することになったとしても、より上位の「神の法」に従うという究極の決断を選び取っていきました。

特に、一九三四年秋にベルリン・ダーレムで開かれた第二回告白教会会議では、帝国教会に対抗して独自の教会的秩序を建てるための「暫定的指導部」が選出されます。こうした教会としての「緊急権の確立」をもって、制度的な教会としての抵抗を試みていったのです。

こうしてみると、自らの置かれた状況が信仰告白の事態だと、信仰の良心によって察知した人々が、その良心に基づいて声を挙げ、同じように察知した人々同士で互いに連帯し、それが共有され、広げられていくことで事柄が判断されるというのが一つの姿なのではないかと思います。それではいかにもナイーブすぎる、もっと客観的な基準が必要だ、という声もあるでしょう。しかしこのようなある種の「曖昧さ」が残る点が、「事態」（status）というものの現実であり、それがはらむ必然なのではないでしょうか。

③「信仰告白の事態」とは、教会や信仰者だけに関わる問題か

信仰告白の事態を考えるときに、直接的にはその事柄が教会の存続に関わるか、信仰の保持が脅かされることにならないか、ということが当面の課題となるでしょう。しかし、はたして問題はそれだけか。もしそうだとすれば、当面、教会には直接関わりがない問題、信仰には関わりのない問題ということで、大事な問題を見落とすか、あるいは意図的に避けてしまうことになるでしょう。

地上の宗教団体としての教会だけを考えるならば、これらの問題がそのまま教会の存亡に関わる問題とはなり得ないでしょう。けれども、教会を神の国の広がりの中でとらえ、かつ主イエスによって生かされる一人一人の人間ととらえるならば、貧富の差の拡大のなかで貧困にあえぐ人々、農・食・いのちの問題、原発問題によって損なわれていくいのちの尊厳の問題、そして、改憲問題や日の丸・君が代強制によって損なわれていく良心の自由、信仰の自由の問題など、それが直接に教会という集団の存亡に関わるか

否か、という視点だけでは見ることのできない広がりがあるのです。

④「信仰告白の事態」が現実となったらどうするのか

私自身は、いまはすでに「もし」という仮定の話の段階ではないと認識しています。教会はそのような事態が到来したことを悟ったならば、いつものように、しかしいつも以上に鮮明に、高らかに、イエス・キリストが主であることをはっきりと言い表すことが必要です。

ダレイオス王以外を拝むものは獅子の穴に投げ込まれるという禁令が出されたとき、「いつものように」神を礼拝したダニエルの姿勢（ダニエル六・一〇）から教えられるように、私たちは「いつも」の延長線上でしか「いざ」という時の姿勢を取ることはできません。教会が世を恐れはばかって、語るべきことばを語ることができなくなることを恐れます。そもそも教会が世に向かって語る姿勢を取ることなく、内輪の人々にしか伝わらないことばに終始していないかと自問します。説教壇から発せられる神のことばは、一つの群れに向かって語られると同時に世界に向かって発せられているのだという自覚を、説教者はもっと強く持つべきなのではないでしょうか。

第一章　バルメン宣言とドイツ告白教会闘争

1　バルメン宣言とドイツ告白教会闘争

①ナチ政権の成立と教会[*2]

一九世紀の終わり、フランスとの間で争われた普仏戦争（一八七〇～七一年）におけるプロイセンの勝利をきっかけに、プロイセンの首相であったオットー・フォン・ビスマルクを首相に、国王ヴィルヘルム一世を皇帝に据えてドイツ帝国が成立します。ルター以来の宗教改革的信仰とナショナリズムの高揚の中で、自らをかつての神聖ローマ帝国になぞらえるほどの勢いを持っていたのが、ヴィルヘルム期のドイツの姿でした。

ところが二〇世紀を迎えると、ドイツ帝国を取り巻く状況は一変します。その最大の要因は、一九一四年に始まった第一次世界大戦でした。オーストリアとセルビアの間に始まった戦いにヨーロッパ諸国が参戦し、そこにやがてはアメリカや日本までもが加わった、文字どおりの「世界大戦」の結果、ドイツ帝国はフランス、イギリス、ロシアなど連合国との戦いに敗れ、また国内で起こったドイツ革命によって皇帝ヴィルヘルム二世はオランダに亡命し、この結果、ドイツ帝国は終焉を迎えます。

こうして、一九一八年から一九一九年にかけて成立したのが、世界でもっとも民主主義的と呼ばれた憲法を有するワイマール共和国です。しかし、敗戦国となったワイマール・ドイツ国内には、敗北による屈辱感、ベルサイユ条約に基づく巨額の賠償金への不満、過去の君主制への郷愁などが相俟《あいま》って、国粋主義的な民族主義が台頭し始めていました。このような不安定な国内情勢の動きに乗じて登場したのが、独裁者アドルフ・ヒトラーです。

ヒトラー率いるナチ党は、一九三三年一月に政権を掌握すると、二月二十七日の「国会議事堂放火事件」を利用し、国内の治安維持を名目としてワイマール憲法の保障する基本的人権を停止します。さらに三月には悪名高き「授権法」（全権委任法）を制定して憲法をも超える権限を自らの手許に置くと、共産党を中心とする反対勢力を徹底的に弾圧・排除する施策を次々に講じ、ナチ党による一党独裁と、「指導者原理」に基づいてヒトラー自身が国家を体現するような政治体制を確立していきました。

当初、教会はナチ政権に一定の警戒感を持ちつつも、基本的にその政策に沿う立場をとりました。それは、ナチ政府の対教会政策が「我々は、それが国家の存立を危うくせず、またゲルマン人種の美俗・道徳感に反しない限り、国内におけるすべての宗教的信仰の自由を要求する。我が党は、かくのごときものとして、宗派的に一定の信仰に拘束されることなく、積極的なキリスト教精神の立場を代表する」[*3]、すなわちナチの国家体制に反しないという条件付きで、信仰の自由はもとより、従来の各領邦教会や、ルター派、改革派、合同教会、その他の諸派の活動の自由を保障すると謳っていたためです。

しかしここでの問題は、この「国家の存立を危うくせず、またゲルマン人種の美俗・道徳感に反しない限り」という条件文の存在です。かねてからドイツの教会の中には愛国的ナショナリズムの傾向が強くあり、ワイマール期に入ると、ドイツ民族の優位性を根拠に「積極的なキリスト教精神」を掲げる「ドイツ的キリスト者信仰運動」が盛んになりつつありました。それゆえに、当初、教会はこの条件文の持つ欺瞞性を見抜くことができなかったのではないか、とも指摘されるところです。しかし実際には、ナチ政権はその発足当初から教会を自分たちの足元に服させることを目論んでいたのです。

②ドイツ的キリスト者信仰運動

ナチ政権成立当初からこれに呼応し、迎合していったのが「ドイツ的キリスト者信仰運動」と呼ばれるものです。ドイツ的キリスト者は、民族主義的な信仰理解からナチ政権を積極的に支持し、その宗教政策を遂行するにあたっての格好の受け皿となっていったのです。一九三二年に定められた「ドイツ的キリスト者信仰運動の基本原則」には、次のように記されています。

「領邦教会的分裂を克服し、一つの福音主義的帝国教会を創設する。ユダヤ人はキリスト者の共同体に所属しない。積極的キリスト教、ドイツ的ルター精神、英雄的敬虔を推進する。マルクス主義および中央党と戦う。人種・民族・国民は神から与えられた生の秩序であり、人種の混合に反対する。無能者・低価値者に対抗して民族を守る。ドイツ人とユダヤ人の結婚を禁止する。世界市民主義・平和主義・国際主義を排する。*4」

このように当時のドイツ国内には、その思想や世界観においてナチ政権と軌を一にする民族主義的なキリスト教が存在していました。告白教会の闘いは、国家に対する抵抗のみならず、民族主義化された教会に対して真の教会として立ち続けるための、教会の信仰をめぐる闘いだったのです。

③帝国教会成立とアーリア条項

ナチ政権はその後、帝国内のあらゆる領域を自分たちの管理下に統合する「強制的同質化」政策を推し進め、教会をも自らのもとに一元的に管理することを目的として、「帝国教会」の設立を目指すようになると、次第に教会との摩擦が増していくようになりました。

もともとドイツの教会は、過去の歴史から各領邦に建てられた独自性の強い「領邦教会」(Landes Kirch)の伝統を持っており、当時もドイツ各州にルター派、改革派、合同派教会などの教派が存在していましたが、ナチ政権はこれを一つの帝国教会にまとめあげ、「指導者原理」に基づき、自らの意向を反映させるための役職として「帝国教会監督」を新設しました。

しかし、各州の教会代表者たちは選挙によって、福祉の村ベーテルの施設長にして、信仰と人格に優れたフリードリヒ・フォン・ボーデルシュヴィンク牧師を選出します。これに対してナチ政権は、その人事を不服としてボーデルシュヴィンクの帝国教会監督就任を辞退に追い込み、代わってドイツ的キリスト者信仰運動の指導者で、ヒトラーとも旧知の間柄であったルートヴィヒ・ミュラーを初代帝国教会監督として任命します。こうして、ナチ政権による教会支配の体制が固められていったのです。

さらに、ナチ政権と教会の摩擦が決定的となったのは、一九三三年四月に制定された「職業官吏再建法」と呼ばれる法律です。これは、ユダヤ人や、政権に批判的な公務員を公職から追放することを可能にするもので、特に、ドイツ人のみが公職に就くことができ、ユダヤ人を排除することを定めた条文は「アーリア条項」と呼ばれ、ナチ政権のユダヤ人差別の法的根拠の一つとなっていきました。こうして各国家機関や役所、大学、そしてついには教会の教職者たちにも「アーリア条項」が適用され、ユダヤ系の教職者たちが追放されるようになっていったのです。

④ドイツ告白教会闘争

ナチの教会政策に対して最初の組織的抵抗を試みたのは、後にドイツ告白教会闘争の中心的な役割を果たすマルティン・ニーメラー牧師によって指導された「牧師緊急同盟」でした。各州からこれに賛同し、参加を表明した牧師たちは、「アーリア人条項の教会への適用によって、信仰告白の侵害が生じた」との認識のもと、ナチ政権とドイツ的キリスト者信仰運動に対しての批判を強め、教会的な抵抗運動に乗り出します。

この運動が「ドイツ告白教会闘争」と呼ばれるものです。彼らは一連の動きを「信仰告白の事態」と認識し、神のことばの絶対性と、キリストの唯一性への告白を中心に据えると、アーリア条項によって職を追われた牧師たちの救援活動をはじめとして、果敢な教会的な働きかけを実践していきました。

やがて彼らはドイツ各地で告白教会会議を開催し、自分たちの信仰の立場を明らかにする神学的な宣言を採択していくのですが、その神学的なリーダーシップを取ったのが、当時ボン大学の神学部教授であったカール・バルトです。バルトはナチ政権発足直後から、その悪魔的な全体主義的性格を見抜き、神学的な戦線を張ってこれに対峙します。ナチ政権発足から半年後の一九三三年六月には有名な論文「今日の神学的実存！」を書き上げ、同年十月には講演「決断としての宗教改革」を行います。これらには、バルトのその後の発言や行動に一貫して流れていく神学的な確信が言い表されています。

こうして告白教会の最初の全国規模の会議として招集されたのが、バルメンのゲマルケ教会を会場に、一九三四年五月二十九日から三十一日にかけて開催された「ドイツ福音主義教会第一回告白会議」でした。この会議には各地から牧師、神学者八十三名、信徒五十五名の計百三十八名が集い、二百人近い人々が傍聴人として熱心にその議論に耳を傾けました。代議員の平均年齢は四十四歳という、若い参加者の会議であったことも見逃せません。[*5]

この会議では神学的宣言文が承認されることになっており、会議に先立って起草委員として選ばれたのが、改革派からカール・バルトとルター派からハンス・アスムッセンとトーマス・ブライトでした。彼らは会議開催直前の五月十六日にフランクフルトのホテルに集まり、準備作業を行ったのですが、後年にバルト自身がニーメラーに送った手紙によると、ルター派を代表する二人が「三時間にもおよぶ午睡」をしている間に、「私は、強いコーヒーと、一、二本のブラジルの葉巻を用意して、六項からなるテクストを起草した」と言います。このときのことを、バルトはしばしば彼一流のユーモアを用いてこう表現しています。「ルター派教会が眠っていて、改革派教会が目醒めている。」*6

このことばに込められた、この文書の性格づけに対する改革派教会とルター派教会の微妙なニュアンスの違いが、その後の告白教会闘争にさまざまな影響を及ぼすことになるのですが、ともかくこうして出来上がった文書こそが、後にバルメンの会議で採択された神学的・信仰告白的宣言、「バルメン宣言」です。

2　バルメン宣言とは何か

①バルメン宣言の基本的性格

「バルメン宣言」（正式名称は「ドイツ福音主義教会の今日の状況に対する神学的宣言」）は序言、六項目からなる条文、そして結語という三部から構成されています。六項目の条文はそれぞれ冒頭に聖書の御言葉が掲げられ、続いて告白すべき内容、最後に排斥すべき誤謬が示されています。

序言には、この宣言の基本的性格づけと、この宣言が語られなければならない時代状況への認識と必然性が次のように述べられています。

「ドイツ福音主義教会の告白会議に集まった我々ルター派教会、改革派教会、合同派教会の代表者、及び独立している諸々の教会会議、諸大会、諸団体の代表者は、我々がドイツの告白諸教会の同盟としてのドイツ福音主義教会という地盤の上に、ともに立っていることを宣言する。その際、我々を結合するものは、唯一にして聖なる普遍の使徒的教会のただ一人の主に対する信仰告白である。

我々は、この信仰告白の連帯性と同時にドイツ福音主義教会の一致が、極度の危険にさらされているという事実を、ドイツにおける全福音主義教会の前に、公に宣言する。それが脅かされているのは、ドイツ福音主義教会成立の最初の年に次第に明らかになってきたドイツ的キリスト者という有力な教会的党派及びその党派によって支持されている、教会当局の指導方式・行動方式による。この脅威というのは、ドイツ福音主義教会を統一している神学的前提が、ドイツ的キリスト者の指導者・代表者によっても、また教会当局によっても、絶えず根本的に他の様々な前提によって妨害され無効なものにされているという事実である。我々の間で効力を持っているほどの信仰告白に従っても、もしそのような諸前提が通用するならば、教会は教会でなくなる。従ってそのような諸前提が通用するならば、ドイツ福音主義教会もまた、告白教会の同盟として、内的に不可能となるのである。

我々は今日、この事柄に関して、ルター派・改革派・合同派各教会の肢々として、共同して語り得るし、また語らねばならない。我々がそれぞれの異なった信仰告白に対して忠実でありたいと願い、またいつまでも忠実でありたいと願うゆえにこそ、我々には沈黙が許されない。それは、共通の困窮と試練の一時代の中にあって、我々は一つの共通の言葉を語らしめられると信じるからである。このことが告白教会相互の関係にとって、どのようなことを意味しようとも、我々はそれを神に委ねる。
我々は、教会を荒廃させ、そのことによってドイツ福音主義教会の一致をも破壊する『ドイツ的キリスト者』及び今日のドイツ教会当局の誤謬に直面して、次の福音主義的諸真理を告白する。」

ここにはバルメンの会議に結集した教会が、それぞれの教派の持つ信仰告白の相違、伝統の相違を超えて「一つの共通の言葉を語る」という姿勢が鮮明にされています。教会の真の一致は、国家の力によってまとめ上げられるものでなく、信仰告白の一致においてこそ成り立つものなのであり、教会が一致して宣言することばには、教会法において位置づけられた一致の基盤としての性格が与えられています。

しかし、この宣言の性格づけに関しては、当初から改革派教会とルター派教会との間に、微妙な、そして深刻な相違がありました。それは、この文書がはたして教会の「信仰告白」と呼べるものなのか、そうであるならば信仰告白の持つ規範性や拘束性があるのかということをめぐる問題でした。

告白教会に結集したのはドイツ国内各州のルター派、改革派、合同派でした。バルメン宣言の起草から採択、そしてその後の経過のなかで、ルター派はバルメン宣言を規範性や拘束性のある信仰告白文書と位置づけることには終始消極的であったのに対して、改革派教会は当初から宗教改革以来の伝統的な信仰告白文書の系譜に位置づけるという理解を持っていたのでした。

この違いの原因は両教派の「信仰告白」理解の違いにあります。ルター派教会は伝統的に「使徒信条」、「ニカイア・コンスタンティノポリス信条」、「アタナシオス信条」といった古代の基本信条と、ルターの「大教理問答」、「小教理問答」、そして「アウグスブルク信仰告白」、「アウグスブルク信仰告白の弁証」、「シュマルカルデン条項」、「和協信条」を収めた「一致信条書」が共通の教理基準となっており、それをもって信仰告白文書は基本的に完結しています。

他方、改革派教会は聖書の規範性のもとで、スイス、ドイツ、フランス、オランダ、ベルギー、スコットランドなど、それぞれの国や地域、その時代の状況に即して、信仰の告白を作り続けてきました。その点で、信仰告白文書は完結されず、それぞれの時代と地域の必要に応じて新たに作り続けられていくという、開かれた姿勢が特色です。

こうした理由から、ルター派は、バルメン宣言が新たに「信仰告白文書」と呼ばれることには否定的、改革派は肯定的という相違が生じることとなりました。事実、主要な起草者であるバルトも、「このテキストは、ただ《神学宣言》と呼ばれ――『愛するルター派の代表たちがそうしたくないというので』信仰告白とは呼ばなかった。しかし、『実際のところ、あらゆる肯定と否定の術策をともなった、古い時代から《信仰告白》と言われてきたもの以外の何物でもありませんでした』」と述べているとおりです。*7

ここで私たちは、バルメン宣言の正式名称が、「ドイツ福音主義教会の今日の状況に対する神学的宣言」であることの意味を覚えたいと思います。教会がなす信仰告白は、その時代と無関係であることや、その時代の状況を捨象することはできず、絶えず御言葉に聴きつつ、教会が生きる時代と真摯に向き合いながらなされる業であり、その意味で「改革された教会は改革され続けなければならない」(Ecclesia reformata semper reformanda) のです。

確かに、バルメンの会議に結集した諸教会は、互いの信仰的な立場の違いを知っていました。しかしその違いを知ったうえで、「我々は今日、この事柄に関して、ルター派・改革派・合同派各教会の肢々として、共同して語り得るし、また語らねばならない」と決意しました。そして、「我々がそれぞれの異なった信仰告白に対して忠実でありたいと願い、またいつまでも忠実でありたいと願うゆえにこそ、我々には沈黙が許されない」と言い、「それは、共通の困窮と試練の一時代の中にあって、我々は一つの共通の言葉を語らしめられると信じるからである」として、この宣言を自分たちのことばとしたのです。

こうしてみると、バルメン宣言は、時代状況に向けての単なる意見表明にとどまらず、教会が御言葉への応答として発した、まぎれもない「信仰告白」のことばと言えるでしょう。

②バルメン宣言の構成

次に、六項目の内容について概観しておきます。第一項では、ヨハネの福音書一四章六節、一〇章七～九節が掲げられ、続いてこの宣言全体の基盤であり、源泉である神の御言葉の絶対的な位置が明らかにされます。ここでは神の御言葉から離れた啓示の可能性が拒否されている点で、あらゆる自然神学的な営みが斥けられています。

第二項では、コリント人への手紙第一、一章三〇節が掲げられ、第一項で明らかにされた神の御言葉の慰めが、この神の支配のもとで生きるキリスト者の全生活にわたる生への要求として宣言されます。

第三項では、エペソ人への手紙四章一五、一六節が掲げられ、教会の本質とその所属、地上において果たすべき使命が宣言されます。ここでは、第一項での神の御言葉への服従に応ずる仕方で、この御言葉によって立つ教会の本質が示されています。

第四項では、マタイの福音書二〇章二五、二六節が掲げられ、教会の職務や秩序の自律的なあり方が宣言され、他律的な支配原理の導入が斥けられます。

第五項では、ペテロの手紙第一、二章一七節が掲げられ、神からゆだねられている国家の務めと国家に対する教会のあり方が述べられ、さらに国家と教会の相互に対する限界設定がなされています。

第六項では、マタイの福音書二八章二〇節、テモテへの手紙第二、二章九節が掲げられ、教会がキリストから委託された奉仕の業について宣言されます。この奉仕の業は、何よりも説教とサクラメントによるキリストへの奉仕であり、神の自由な恵みの使信をすべての人に伝える世界への奉仕を意味しています。

そして結語の部分では、六項目において明らかにされた「承認」と「排斥」が告白教会共通の神学的基盤であること、この宣言が互いを拘束するものであることが確認され、「神の御言葉は永遠に保つなり」とのことばをもってしめくくられています。

③バルメン宣言の意義

本章の終わりに、バルメン宣言から学び取ることのできる意義について、いくつかの点を示しておきたいと思います。

その第一は、教会一致の基盤としての信仰告白の必然性です。告白教会に結集したのはルター派、改革派、合同派などさまざまな教派的伝統や背景を持った教会でしたが、序言や結語ですでに明らかにされているように、この宣言は多様な教派的集合体を一つのドイツ福音主義教会として成立させる要諦としての役割を担ったといえるでしょう。すでに触れたように、確かにバルメン宣言を「信仰告白」文書と位置づけることには、ルター派と改革派の間に理解の相違があり、バルメン宣言が教会的な拘束性や規範性を持つことに対して批判的だった一部のルター派教会は、後に告白教会から離れていくことになります。

その一方で、多くの教会はこの宣言を、伝統的な古代信条や宗教改革の信仰告白とともに牧師就任に際しての宣誓条項の中に加えるなど、教会の規範としての性格を重んじました。このようにバルメン宣言は闘いの時代にあって、教会が一致して闘うための共通の基盤としての意義を持ったのです。

第二は、御言葉の絶対的優位性が明らかにされていることです。聖書と信仰告白の関係は、古くから「規準化する規準・絶対的規準（norma normans）」と「規準化される規準・相対的規準（norma normata）」と説明されてきました。つまり、信仰告白は、あくまでも聖書の御言葉に立って教えられ、御言葉に応答し、御言葉を解釈し、そのもとにあって教会を導く教えの規準なのです。

バルメン宣言においても第一項で御言葉への聴従が述べられ、第二項以下で御言葉への応答としての告白が続いています。さらには、両者の関係理解は各条項の「聖句、告白内容、排斥」の構造においても表されていると言えるでしょう。「聖書はイエス・キリストについて証言するものであり、たとえば神学者が自説を裏付けるために用いる典拠にとどまらない。いな、聖書は、権威をもってイエス・キリストは誰かということをわれわれに語りかけ、そこから、はじめて神学的教説もつくられる。聖書のテキストは人びとに信仰を目覚めさせ、この世の状況を照らし出す。それゆえバルメン宣言において《関連聖句》がテーゼや《拒絶》命題の前におかれていなければならない」[*8]（宮田光雄）と言われているとおりです。

したがってキリストの教会は、闘う教会、語る教会、抵抗する教会、行動する教会である以前に、何といっても「聴く教会」、羊飼いなるイエス・キリストの御言葉に「聴き従う教会」であることが求められているでしょう。この点で、バルメン宣言第一項がヨハネの福音書一〇章を掲げることの意味はきわめて大きいと言わなければなりません。そしてそれゆえにこそ、御言葉の説教の務めをゆだねられた牧師の務めは、いまの時代、ますますその重要性を増していることを互いに確認しておきたいと思うのです。

第三に、宗教改革の信仰との連続性を挙げておきましょう。信仰告白文書は、教会の歴史と切り離されて存在するものでなく、世々の教会と聖徒たちの声とともに言い表されることばです。バルメン宣言についても、一五二八年のベルン条項や一五六三年のハイデルベルク信仰問答の影響を見ることができます。

とりわけバルメン宣言第一項の「イエス・キリストは、……我々が生と死において信頼し服従すべき神の唯一の御言葉である」や、第二項の「イエス・キリストは、我々のすべての罪の赦しについての神の慰めである」などの表現には、ハイデルベルク信仰問答第一問の「生きるにも、死ぬにも、あなたのただ一つの慰めは何ですか」という問いのことばの影響が色濃く流れ込んでいることがわかります。

このように、バルメン宣言は自らを宗教改革の信仰との連続性の中に置くという自己理解を持っているといえるのです。

第四は、終末論と告白的な信仰の深い結びつきが強調されていることです。第二項で、贖い主イエス・キリストによって「この世の神なき束縛から脱して、他の被造物に対する自由な感謝に満ちた奉仕へと赴く喜ばしい解放が与えられる」として、終末における神の国の完成の「すでに」の側面を洞察しています。それと同時に第五項では、地上の現実が「いまだ救われていないこの世」であるとして、「いまだ」の側面をも認識しています。

神の国の「すでに」と「いまだ」という「時の間」を生きる教会は、その狭間にあって信仰の闘いを強いられるのですが、その闘いの中にあってこそ、自分たちの信仰がより鮮明に証しされていくのです。このような終末論と告白的な信仰とが結び合わされた結果、バルメン宣言はその結語においてこう言い表すのでした。

「神の御言葉は永遠に保つなり。」(verbum Dei manet aeternum.)

第二章　バルメン宣言第一項を読む

1　バルメン宣言第一項の基本線

いつの時代にも教会の信仰告白文というものは、最初にどのようなことばをもって始めるかがきわめて重要な意味を持ちます。バルメン宣言の第一項も、まず宣言全体の基調音となることばをもって始められています。

「『わたしは道であり、真理であり、命である。だれでもわたしによらないでは、父のみもとに行くことはできない』（ヨハネ一四・六）。

『よくよくあなたがたに言っておく。わたしは羊の門である。わたしよりも前にきた人は、みな盗人であり、強盗である。……わたしは門である。わたしをとおっては いる者は救われ……る』（ヨハネ一〇・七～九）。

聖書において我々に証しされているイエス・キリストは、我々が聞くべき、また我々が生と死において信頼し服従すべき神の唯一の御言葉である。
教会がその宣教の源として、この神の唯一の御言葉のほかに、またそれと並んで、さらに他の出来事や力、現象や真理を、神の啓示として承認し得るとか、承認しなければならないなどという誤った教えを、我々は斥ける。」

バルメン宣言の各条項は、冒頭に御言葉を掲げ、続いて信ずべき内容が告白され、そして、排斥すべき事柄が言い表されるという共通の構造を持っています。それに照らしてみると、第一項はこの宣言全体を貫く基盤として、大きく二つのことを主張していると言えるでしょう。

一つは、イエス・キリストこそ私たちが「聞き、信頼し、服従すべき」唯一のお方であるというキリスト中心主義を語っていることです。「このイエス・キリスト《のみ》を鮮明にかかげた第一テーゼは、宣言全体がそこから解きあかされねばならない《根拠》であり《前提》である」[*9]（宮田光雄）と言われるとおりです。

もう一つは、神の啓示としての御言葉の唯一性・絶対性が告白され、神の言葉を離れた、あるいはこれと並び立つような啓示の可能性を全面的に否定していることです。

「ここで主張されている事柄は、イエス・キリストのみが唯一の神の言葉であり、これを別にして、その他の歴史上の出来事、すべての現象を神の啓示としては承認できないし、またすべきではないという主張であり、換言すると、イエス・キリストにおける啓示の一回性、独自性、またその独占的排他性が強調されている」[*10]（雨宮栄一）とあるとおりです。

前段部分にかぎってみれば、とりたてて特別なことを語っているわけではなく、むしろキリスト教会であればだれもがそのように信じ、主張する、至極真っ当なことが言われているにすぎないという印象を受けます。けれども、歴史の中で生み出されてきた数多くの信仰告白文書は、その真っ当なことをあらためて言い表さなければならなかった特定の状況を成立の契機として持っているのであり、第一項の前段の主張も、後段の主張がそれに続くとき、途端にある緊張をはらんだことばとなって響いてくるのです。

2　バルメン宣言第一項とヨハネの福音書

バルメン宣言第一項の冒頭に掲げられるのは、

「わたしは道であり、真理であり、命である。だれでもわたしによらないでは、

父のみもとに行くことはできない。」（ヨハネ一四・六、口語訳）

「よくよくあなたがたに言っておく。わたしは羊の門である。わたしよりも前にきた人は、みな盗人であり、強盗である。……わたしは門である。わたしをとおってはいる者は救われ……る。」（同一〇・七〜九、口語訳）

という御言葉です。新改訳聖書でも読んでおきましょう。

「わたしが道であり、真理であり、いのちなのです。わたしを通してでなければ、だれも父のみもとに行くことはできません。」（同一四・六）

「まことに、まことに、あなたがたに言います。わたしは羊たちの門です。わたしの前に来た者たちはみな、盗人であり強盗です。……わたしは門です。だれでも、わたしを通って入るなら救われます。」（同一〇・七〜九）

これらの御言葉はいずれも、主イエスご自身が決定的な自己啓示のことばとして「わたしは〜である」という特別な言い方をされたものです。ここでの重要なポイントは、主イエス・キリストのみが救いへの道、また門であり、これ以外のどこにも救いに至る道や門はないということです。主イエスは、ここでご自身を「真理」とも言っておられます。キリスト教信仰における「真理」は絶えず「愛」と結びついており、神と人間との間の人格的な愛の関わりは、必然的に排他性を帯びることを忘れてはならないでしょう。

このように、第一項はヨハネの福音書の御言葉に教えられて、主イエス・キリストだけが我々が生と死において信頼し服従すべき「神の唯一の御言葉（das eine Wort Gottes）」であると語ります。そして、この「神の唯一の御言葉」だけが「教会の宣教の源」であると言い表し、教会の存立の基盤とその果たすべき使命の根拠を堅く据えています。

以上のような理解は、バルメン宣言が初めてではありませんでした。そもそも宗教改革の時代に生み出された信仰告白文書を読むと、その多くがヨハネの福音書一〇章の羊飼いと羊のたとえを引用し、そこに羊飼いなるキリストと、その声に聴き従う教会の姿を見てきたことがわかります。

一五二六年、ヨハン・コマンダーによって作られた「イーランツ提題」の第一項は、次のように告白します。「キリスト教会は神の言《ことば》から生まれる。教会は神の言にとどまり、他の声を聞くべきではない。*11」

その二年後の一五二八年、ベルンの改革者ベルトルト・ハラーとフランツ・コルプは、当地の宗教改革への移行を決する討論会のために作成した「ベルン提題」の第一項に、先のイーランツ提題の第一項を引用して、次のように記しました。「キリストが唯一の頭である聖なるキリスト教会は、神の言葉から生まれ、この神の言葉に留まり、よそ者の声を聞かない。*12」

このベルン提題からおよそ四百年後、再びこの告白のことばが鳴り響く時が訪れました。ヒトラー政権が成立した一九三三年、この出来事にいち早く反応したラインラント領邦教会の改革派の神学者、牧師たちが五月に発表した「デュッセルドルフの命題」(正式には「教会の形態に関する神学的宣言」)の第一項でこう告白したのです。「キリストのみをかしらとする聖なるキリスト教会は、神の言葉より生まれ、そこに留まり続け、異なる者の声を聴くことをしない。*13」これは、翌一九三四年五月のバルメン宣言の先駆けとなる歴史的な告白でした。

こうして、ヨハネの福音書一〇章の御言葉は、一五二六年のイーランツ提題から一五二八年のベルン条項へ、さらにベルン条項から一九三三年のデュッセルドルフの命題へと受け継がれ、そして一五三四年のバルメン宣言第一項へと流れ込んでいるのです。この事実は、宗教改革の時代にも告白教会闘争の時代にも、「神のことばのみ」「キリストのみ」という信仰の告白が脅かされる事態が生じたときには、教会がいつでもヨハネの福音書の主イエスの御言葉に立ち戻ったことの証しと言えるでしょう。

3　聖書において証しされるイエス・キリスト

次に、第一項の前段の部分を見ていきましょう。

「聖書において我々に証しされているイエス・キリストは、我々が聞くべき、また我々が生と死において信頼し服従すべき神の唯一の御言葉である。」

第一項は、イエス・キリストのみこそ、我々が聞き、信頼し、服従すべき神の唯一の御言葉であるというバルメン宣言の基本的な主張を述べています。三位一体の第二位格である御子イエス・キリストは、「父のふところにおられるひとり子の神が、神を説き明かされた」（ヨハネ一・一八）とあるように、神のことばが肉体をとって私たちのもとに来てくださった唯一の救い主です。このイエス・キリストについて、第一項は「聖書において我々に証しされているイエス・キリスト」と言っていますが、ここには聖書を「キリスト証言の書」とするバルメン宣言の聖書理解が示されています。

バルメン宣言を生み出したドイツ告白教会闘争を支えた重要な柱に、「神の言葉の神学」と呼ばれる神学運動がありました。一八世紀から一九世紀にかけてキリスト教界に大きな影響を及ぼした自由主義神学は、あらゆるものを歴史の水平の地平の中に置き、神のことばをもまた人間の宗教意識を触発させる道具としてしまっていました。これに対して、絶対者である神と相対的な存在である人間との間の「無限の質的差異」を強調し、天から稲光のようにして垂直にこの世に下る神の啓示の絶対性と超越性を主張し、神のことばがもたらす危機的経験の中に裁きと救いの弁証法を見いだしたのが、カール・バルト、エドゥアルド・トゥールナイゼン、ハンス・ヨアヒム・イーヴァントといった牧師、神学者たちでした。

この神学思潮はしばしば「危機神学」、「弁証法神学」、「新正統主義神学」などと呼ばれますが、彼らの問題意識に即していえば、「神の言葉の神学」というのが、もっともふさわしい呼び名となるでしょう。

端的に言って、告白教会の闘いは説教による闘いでした。告白教会の指導部は、しばしば諸教会に対して「説教壇告知」という方法でナチ政権に対する教会の態度表明をするよう呼びかけました。牧師たちは説教壇からアジテーションをしたわけでなく、また時事解説をしたのでもありません。ひたすら聖書の御言葉に聴き、聖書の御言葉を説いたのです。

神を神とし、神でないものを神の座から徹底的に排除し、宗教的思惟や人間の歴史意識、宗教感情といった一般から特殊への道を進むのでなく、どこまでも十字架と復活の主イエス・キリストに固着して、特殊からの道を進むことにこだわる神学的立場は、当時のナチ的世界観と、それに迎合していったドイツ的キリスト者という勢力と向き合って、イエス・キリストのみに聴き従うと告白した教会の闘いという背景から理解する必要があるでしょう。

「神の言葉の神学」は、まさに教会に仕える神学、説教の神学として、告白教会闘争の神学的基盤を提供していきますが、それは具体的には説教者の養成において重要な役割を果たすことになります。当時のドイツでは、牧師を目指す者は国立大学神学部で学んで牧師補となり、次いで各領邦教会に派遣されて約一年の実習を積み、その後、各領邦教会が運営する「牧師補研修所」（プレディガー・ゼミナール）で実践的な訓練を受け、正式に按手を受けて任職されることになっていました。

ところが、国立大学の神学部では次第にドイツ的キリスト者の立場に立つ教授たちが主流となり、告白教会の立場に立つ教授たちは追放、左遷されて職を追われていきます。さらに領邦教会の牧師研修所も帝国教会の管理下に置かれるようになっていくと、告白教会に連なる教会は自らの手で牧師養成のために独自の教会立神学教育機関を設置するように動き始めます。

バルメンの告白教会会議の決議では「バルメン宣言」が採択されたほか、告白教会の指導的役割を担う評議会の設置や教会の経済のこと、そして、教職養成に関する議題も審議されました。そこで「告白会議はドイツ的キリスト者の教会統治局による補助説教者や牧師補のすべての内的外的な圧力に対して抗議する。そして告白教会評議員会に、若い神学徒への精神的な配慮と個人的な世話を委託する」という決議がなされたのです。

この決議を受けて諸教会も献金をもって支援し、大学を追われた優秀な神学者たちも貧しい研究環境と待遇にもかかわらず、個人の私財や蔵書などを持ち込んでこの働きに情熱を注ぎました。しかしながら、この働きもナチの圧迫の下でさまざまな迫害を受けて次々に閉鎖に追い込まれ、研修生の多くも戦場に命を落とします。しかしそこで生み出された神学と実践の記録は、教会に仕えるという本来の意味での神学として大きな影響を残しており、特にボンヘッファーの『共に生きる生活』『倫理』『説教と牧会』などの数々の著作やイーヴァントの説教学講義などは、今日でも重要な神学的位置を担っています。

さらに、「神の言葉の神学」に立つ牧師、神学者たちが説教者養成と並んで重視したのが、実際に告白教会の闘いに連なっている諸教会の牧師、説教者たちを具体的に支えることでした。この当時、バルトやトゥールナイゼンによって『時の間に』『神学の一つの声』『福音主義神学』といった神学雑誌が次々に発刊され、彼らの神学的主張は明らかにされていきましたが、その神学に立って実際に教会で御言葉を説き明かす説教は、具体的にどのようなものになるのかを明らかにする必要がありました。そして、大学の神学部を追われたり、帝国教会から追われたりして、経済的にも困窮し、十分な学びの環境を整えることのできない牧師たちの説教のために、説教準備の助けとなる『説教黙想』の公刊を行うようになったのです。そこで先駆的な役割を果したのが、ゲオルク・アイヒホルツが編集責任を負って告白教会が発刊した説教黙想集『主よ、わが唇を開きたまえ』です。

4　聞き、信頼し、服従すべき神のことば、イエス・キリスト

バルメン宣言の第一項は、イエス・キリストのみ、聖書のみの原則が確認されています。それは神のことばがただそこに神のことばとしてある、というような形式的な原理にとどまるものではありません。第一項が、イエス・キリストのみが「我々が聞くべき、

また我々が生と死において信頼し服従すべき神の唯一の御言葉である」と告白するとき、パウロが「信仰は聞くことから始まります。聞くことは、キリストについてのことばを通して実現するのです」（ローマ一〇・一七）と語るように、キリストのみが私たちが聞くべき唯一の救いのことばであり、私たちが宣べ伝えるべき唯一の宣教のことばであることが言い表されています。また救いのことば、宣教のことばである主イエス・キリストは、私たちが「生と死において信頼し、服従すべき」ことばでもあると言われるのです。

先にも触れたように、この第一項の表現がハイデルベルク信仰問答の第一問から取り入れられたことは明白です。*14

問一 生きるにも死ぬにも、あなたのただ一つの慰めは何ですか。

答 わたしがわたし自身のものではなく、体も魂も、生きるにも死ぬにも、わたしの真実な救い主イエス・キリストのものであることです。

また主イエス・キリストへの信仰を「信頼」ととらえるのも、ハイデルベルク信仰問答の理解に沿っています。第二一問で教えられているとおりです。

問二一　まことの信仰とは何ですか。

答　それは、神が御言葉においてわたしたちに啓示されたすべてをわたしが真実であると確信する、その確かな認識のことだけでなく、福音を通して聖霊がわたしのうちに起こしてくださる、心からの信頼のことでもあります。

さらに第一項は、「信頼」とともに「服従」と言っています。告白教会において、この「服従」という信仰のモティーフは、きわめて重要な意味を持つものでした。特に「服従」ということで知られているのは、告白教会闘争を語るうえで忘れることのできない人物、ディートリヒ・ボンヘッファーです。一九三七年に出版された主著の一つ、『服従』(Nachfolge) において、ボンヘッファーは有名な「安価な恵み」と「高価な恵み」についての議論を展開しています。特に高価な恵みについてこう語っています。

「それは、服従へと招くがゆえに高価であり、イ、エ、ス・キ、リ、ス、ト、に対する服従へと招くがゆえに恵みである。それは、人間の生命をかける値打ちがするゆえに高価であり、またそうすることによって人間に初めて生命を贈り物として与えるがゆえに恵みである。……み言葉は、イエスに対する服従への恵みに満ちた呼びかけとしてわれわれに届く。また、赦しの言葉として、恐れおののく魂や疲れはてた心のもとに来たる。恵みが高価であるのは、人間を強いてイエス・キリストへの服従のくびきの下に連れ来たるからである。イエスが、『わたしのくびきは負いやすく、わたしの荷は軽い』と言い給うということこそ、恵みなのである。[*15]」

ナチ・ドイツの時代に、多くの教会がイエス・キリストと並べてヒトラーへの忠誠を誓い、聖書と並べて民族や国家に服従していくなかで、バルメンに結集した教会が、また告白教会に参加した多くの信仰者たちが、あらためてキリストにのみ聞き、信頼し、従うという姿勢を鮮明にしたことは、それ自体がすでに大きな信仰の決断の姿勢だったと言えるでしょう。

5 「自然神学」の問題

最後に、第一項の後段部分を見ておきましょう。

「教会がその宣教の源として、この神の唯一の御言葉のほかに、またそれと並んで、さらに他の出来事や力、現象や真理を、神の啓示として承認し得るとか、承認しなければならないなどという誤った教えを、我々は斥ける。」

これまで見てきたように、バルメン宣言第一項が執拗なほどに「聖書のみ」（Sola Scriptura）、「キリストのみ」（Solus Christus）を主張する理由が、この反対命題の中によくあらわれています。すなわち、当時のナチ・ドイツの世界観を支える宗教的な基盤を提供していたのが、ここで「他の出来事や力、現象や真理を、神の啓示として承認し得るとか、承認しなければならない」と主張する思想、いわゆる「自然神学」と呼ばれる神学思想であったのです。

自然神学とは、そもそもローマ・カトリック教会において、神の啓示は聖書のみならず他の諸伝承を通しても与えられるとする「聖書〝と〟伝承」の主張、また救いも神の恩恵のみならず人間に与えられた自由意志も働きうるとする「恩恵〝と〟自然」の主張を指しており、これらはしばしば「〝と〟の神学」と呼ばれていました。そして、一九世紀以降のドイツの神学界においては、啓蒙主義以降の近代の歴史主義との融和の中で「啓示と理性」「信仰と知識」「福音と民族」というような考え方を教会の土台に据えようとする動きが広がっていました。このような一九世紀のドイツ・プロテスタンティズムが、後のドイツ的キリスト者運動を生み出す思想的母体となっていたのです。

特にナチ時代、ドイツ的キリスト者運動は、神の啓示は聖書のみならず、ドイツの民族性や歴史、当時の政治状況とその指導者であるヒトラーを通しても示されると主張していました。その結果、イエス・キリストのみ、聖書のみの信仰を破棄し、その上にドイツの民族、血、統治機構を据えることになってしまったのでした。

このような主張を赤裸々に示す文章をいくつか紹介しておきましょう。一九三三年十二月に出された「ドイツ的キリスト教徒の教会運動（国立教会運動）に関するチューリンゲン綱領」には次のように記されています。

「いかなる民族に対してもそうであるごとく、我が民族に対しても、永遠なる神は独自の掟〔律法〕を授けられた。それは総統アドルフ・ヒトラーと彼によってつくられたナチズム国家という姿で体現している。この掟〔律法〕は、血と土から生まれた我が民族の歴史の中に示されている。この掟〔律法〕に対して忠実である限り、我々は、名誉と自由のための闘いを要求せられる。*16」

またバルメン宣言が決議された翌日の一九三四年六月一日、ヴェルナー・エーラート、パウル・アルトハウスといった、当代随一のルター派神学者たちがバルメン宣言に対抗して発表した「アンスバッハの勧告」にはこう述べられています。

「律法すなわち『神の意思』は……我々を支配している自然的秩序、すなわち家族・民族・人種（つまり血の関係）に我々を義務づけ、……さらに家族・民族・人種の特定の歴史的瞬間に我々を結びつける」、「主なる神が危急の中にあるわが民族に『敬虔かつ誠実な上司』としてこの指導者〔ヒトラー〕を贈り給うたことを、またナチス国家秩序において『良き統治』すなわち『規律と威信』をもった統治を備えようとし給うたことを神に感謝する。*17」

このように、自然神学的な主張とドイツの民族主義とが結びついた思想が生み出された神学的な背景として、ドイツの信仰の主流派であったルター派神学の持つ問題点を避けて通ることはできません。

第一に、ルター派神学の持つ「律法と福音」というとらえ方が、当時の状況下においてキリストの福音を離れた律法独自の位置を確保することになり、その結果、そこに歴史や民族、政治的現実などが「創造の秩序」として位置づけられることになっていったことです。

第二に、ルター派神学におけるいわゆる「二王国論」の問題がありました。これはルターの一五二三年の著書『この世の権威について、人はどの程度までこれに対し服従の義務があるか』などにおいて論じられたもので、ローマ人への手紙一三章に準じつつ、神のこの世界に対する統治の様式を「霊的」と「世俗的」に分け、前者は御言葉と霊によって、後者は法や官憲などの権威によってその統治を行うとしたものです。ルター自身はこの両者を決して分離することなく、神の統治の二つの様式として理解していましたが、やがて時代が下ると、霊的統治と世俗の統治とは二元論化し、世俗の統治は霊的統治から独立して機能するようになり、ついには世俗の統治それ自身が神の定めた自然的な秩序として、神的権威と直結して働くようになっていってしまったのです。

バルメン宣言の成立過程の中で、自然神学の排除を徹底的に主張したのは、カール・バルトを中心とする改革派系の参加者でした。他方、ルター派の参加者たちの多くは、ドイツ的キリスト者ほどの極端な主張に立つことはないとしても、ルター派神学の持つこれらの特色を共有しており、その中にはバルトの主張をルター派神学への非難と受け取って、会議から離脱する神学者たちもいました。

　こうして見ると、バルメン会議そのものも決して神学的に一枚岩だったわけではなく、第二次大戦後期の分裂状態に至る状況がすでに芽生えていたとも言えるのでした。しかしここでは、さまざまな神学的・歴史的伝統の違いを持つ諸教会が一つとなって、この危機の時代に「聖書のみ」、「キリストのみ」の告白を鮮明にしたことの意義を覚えておきたいと思います。

第三章　バルメン宣言第二項を読む

1　バルメン宣言第二項の基本線

「御言葉のみ」「キリストのみ」の主張を鮮明に告白した第一項に続いて、バルメン宣言第二項を通して、キリストが御言葉を通してもたらすご支配の、被造物世界全体に対する全面的展開について考えておきたいと思います。

「『キリストは神に立てられて、わたしたちの知恵となり、義と聖とあがないとになられたのである』（Ⅰコリント一・三〇）。

イエス・キリストは、我々のすべての罪の赦しについての神の慰めであるのと同様に、またそれと同じ厳粛さをもって、彼は、我々の全生活に対する神の力ある要求でもある。彼によって我々は、この世の神なき束縛から脱して、彼の被造物に対する自由な感謝に満ちた奉仕へと赴く喜ばしい解放が与えられる。我々がイエス・キリストのものではなく、他の主のものであるような、我々の生の領域があるとか、我々がイエス・キリストによる義認と聖化を必要としないような領域があるなどという誤った教えを、我々は斥ける。」

第二項は、第一項で明らかにされたバルメン宣言の基本線を受け取り、さらに展開しています。第一項で「聖書において我々に証しされているイエス・キリストは、我々が聞くべき、また我々が生と死において信頼し服従すべき神の唯一の御言葉である」と言われたことを受け、このキリストは「我々のすべての罪の赦しについての神の慰めであるのと同様に、またそれと同じ厳粛さをもって、彼は、我々の全生活に対する神の力ある要求でもある」と続きます。

このように第二項の基本線は、イエス・キリストが私たちにとって「我々のすべての罪の赦しについての神の慰め」であり、また同時に「我々の全生活に対する神の力ある要求」でもあるという、キリストのご支配の被造物世界全体に対する全面的展開です。つまり、第一項の「のみ」の主張は、第二項において「すべて」への主張として広げられ、深められているのです。

したがって「この第二テーゼは、第一テーゼの《のみ》から生まれるキリスト者の行動の帰結を説明し具体化する。第一テーゼのいう『聞き……信頼し服従する』は、まさにこの第二テーゼの内容に関わらねばならない」[*18]（宮田光雄）のであり、第二項の「内容とするところは、キリスト教信仰の『私事化』の拒否にあったと見ることができる」[*19]（雨宮栄一）のです。

2　バルメン宣言第二項とコリント人への手紙第一

第二項の冒頭に掲げられている御言葉です。

「キリストは神に立てられて、わたしたちの知恵となり、義と聖とあがないとになられたのである。」（Ⅰコリント一・三〇、口語訳）

「しかし、あなたがたは神によってキリスト・イエスのうちにあります。キリストは、私たちにとって神からの知恵、すなわち、義と聖と贖いになられました。」（同、新改訳２０１７）

これは、救いの教えの核心ともいうべき「義認と聖化」について語っている御言葉です。私たちが父なる神の御前に罪赦され、義と認められ、聖なる者とされているのも、すべて私たちのうちにあるなにものかによるのではなく、ただ主イエス・キリストによることである、とパウロは教えています。そして、主イエスが十字架の贖いによって勝ち取ってくださった義と聖が、聖霊によって主イエス・キリストと一つに結び合わされ、主イエスを信じる私たちに転嫁されるからこそ、このキリストの義によって私たちは義と認められ、キリストの聖さにあずかって聖化の道をたどることができるのです。第二項がこの御言葉で始められるのは、第一項を引き継いで、贖いにおけるキリストの唯一性と中心性を明確に言い表すためであると言うことができるでしょう。

このように義認と聖化の教えをキリスト論的に把握して論じたのは、宗教改革者カルヴァンの神学的な特色です。実際、カルヴァンの主著である『キリスト教綱要』最終版の中で数多く引用される聖句の一つが、このコリント人への手紙第一、一章三〇節です。この時代に作られた数多くの信仰告白文書も、義認と聖化を論じるにあたってことごとくこの御言葉を引用しています。カルヴァンのこの御言葉の理解を、コリント人への手紙の注解に沿って見てみましょう。

まず、カルヴァンは「わたしたちはまた、わたしたちがただ信仰によって無償で義とされておりながら、依然として聖なる生活を送らないでいるはずはないと教えられる。というのは、この二つの恵みは、それぞれ分けることのできないきずなによって結び合わされているからである」として、義認と聖化の一体性を論じています。

次に「キリストによって義とされることをねがう者は、同時に、聖化においてこのことを理解することなしに、つまり、キリストの御霊によって無垢な・清らかな生命に生れかわることなしに、このことは果たされないことを肝に銘じておくべきである」として義認から聖化への必然性を論じます。

さらに「わたしたちは、この所で列挙されているすべてのさいわいのうち、キリストにあってその半分とか一部分とかを求めるべきでなく、完全な形を求めるべきである。パウロは、キリストが義や、聖や、知恵や、あがないの付録、ないし補足としてわたしたちに与えられたのだとは言っていないのであって、キリストただ御一人の上に、これらすべてのことが真実にして・まったき形で実現されたのであるとしているのである」として義認と聖化の完全性を論じます。[*20]

バルメン宣言も、基本的にこのようなカルヴァンの理解を受け継ぎながら、義認と聖化の中心におられる主イエス・キリストの私たちへの呼びかけと要求を語っていくのです。

3　イエス・キリストの慰めと要求

次に、第二項の前段の部分を見ていきましょう。

「イエス・キリストは、我々のすべての罪の赦しについての神の慰めであるのと同様に、またそれと同じ厳粛さをもって、彼は、我々の全生活に対する神の力ある要求でもある。」

ここでまず注目したいのは、「神の慰め」と「神の要求」という対照的な二つのことばです。「神の慰め」を「神の呼びかけ」と訳す日本語訳もあります。この二つのことばについて、加藤常昭先生が次のような説き明かしをしておられます。

「『慰め』という言葉は、ドイツ語でZuspruchという言葉です。zuというのは、英語で言えば、toです。つまり、明確な相手に向かう姿勢を示します。シュプルーフというのは、スピーチです。つまり、誰かに向かって『語りかけること』を意味します。特にこの場合には、自分の側にある者に対して、しかも自分がどうしても与えたいと思っている事柄をその相手に伝えるために語りかけるという意味であると思われます。こころを尽くして語りかけることです。懇ろに語りかけるとも言えます。従って慰めを語るという意味にもなります。……それに対して、『求め』と訳したドイツ語は Anspruch という言葉です。これも誰かに『語りかける』という意味です。ここにある an という言葉は、相手に接するほど近くなることを意味しているのではないかと思います。親しく、信頼を込めて近づきます。そしてここでは、自分が相手に何かを与えるのではなく、相手から何かを求めるために語りかけるのです。[*21]」

この「慰め」と「要求」を教理のことばで言い換えると、先のコリント人への手紙第一、一章三〇節で語られた「義認」と「聖化」ということになります。主なる神が、御子イエス・キリストの贖いによって私たち罪人を御前で義なる者と認めてくださった。それは全く主権的で、自由で、無償の愛に基づく神の側からの語りかけであり、まさしく罪人を赦す慰めの語りかけです。

それゆえ義認の恵みは私たちに対して、このイエス・キリストの贖いによって与えられた新しい道、感謝と喜びに満ちた奉仕と服従の道を生きるようにと呼びかける、神の力ある要求でもあるというのです。これが、私たちの全生涯における聖化の道筋であると言えるでしょう。

先の第一項ではキリストは「我々が聞くべき、また我々が生と死において信頼し服従すべき神の唯一の御言葉である」と語られていました。私たちの生と死において信頼し、服従すべき御言葉なるキリストが、第二項においてはその反復のようにして、神の慰め、また力ある要求であると繰り返されているのです。

主イエス・キリストによって罪赦された者として生きる新しい人としての歩みは、この地上で神の力ある要求に応えて生きる、恵みへの応答の歩みです。私たちは、ただ神から受ける罪の赦しの慰めにおいて生きるだけでなく、その慰めを与えられたがゆえに、神の求めに応じて生きる者でもあるのです。

ここに私たちの信仰の営み、特に信仰告白の闘いの基本的な構えが示されます。パウロは、ピリピ人への手紙一章二九節でこう語りました。

「あなたがたがキリストのために受けた恵みは、キリストを信じることだけでなく、キリストのために苦しむことでもあるのです。」

私たちはしばしば、キリストの救いを受け取るため自らに行いを課し、律法による義を己れの力で勝ち取ろうとします。その一方で、一度救いの中に迎え入れられると、キリストから来る慰めや喜びは感謝して受け取りますが、キリストのための苦難や服従には進んで手を伸ばそうとしません。

ここで私たちは、義認と聖化の一体性、必然性、完全性をあらためて受け取り直す必要があるでしょう。私たちの神への服従の道は、根本的に神の慰めから来る要求なのであって、その逆ではないのです。神の要求を満たして初めて神の慰めにあずかれるということなら、だれもその要求を満たすことはできません。最初に神の要求があって、それに縛られて生きるのではなく、神の与えたもう罪の赦しの慰めがあって、そこからしか神の要求に応答して生きる道は開かれないのです。

「それは、『赦し』の光りに照らされた服従の新しい可能性である。つまり、第二テーゼは、宣言全体を規定する神学的な《傾き》をはっきり示している。イエス・キリストによる解放の『慰め』と約束から、われわれの生活全体にたいする神の『要求』が帰結する」[*22]と言われているとおりです。

4　喜ばしい解放

次に第二項の中段の部分を読みます。

「彼によって我々は、この世の神なき束縛から脱して、彼の被造物に対する自由な感謝に満ちた奉仕へと赴く喜ばしい解放が与えられる。」

このくだりは、バルメン宣言の中でもひときわ明るい調子で語られる箇所であり、個人的にも最も心に残るところです。特に、ドイツ告白教会闘争が直面していた深刻な時代の状況や、迫り来る迫害の熾烈さ、そしてこの会議に集い、その決定に名を連ねることと自体がすでに信仰告白の闘いを意味する状況であったことを思えば思うほど、この明るさはいったいどこから来るのだろうかという驚きの思いを抱かざるを得ません。

第二項では、主イエス・キリストによってもたらされる聖化の現実が、「この世の神なき束縛」からの「喜ばしい解放」ととらえられています。しかも、そのようにして自由にされた私たちの生の真の目的が「被造物に対する自由な感謝に満ちた奉仕」であると言われるのです。ここでは、主なる神の与えてくださる聖化の道筋が「自由の道」であることが明らかにされています。

主イエス・キリストは、ヨハネの福音書八章三一、三二節でこう言われました。

「あなたがたは、わたしのことばにとどまるなら、本当にわたしの弟子です。あなたがたは真理を知り、真理はあなたがたを自由にします。」

また、パウロもガラテヤ人への手紙五章一節で、「キリストは、自由を得させるために私たちを解放してくださいました。ですから、あなたがたは堅く立って、再び奴隷のくびきを負わされないようにしなさい」と勧め、一三節では「兄弟たち。あなたがたは自由を与えられるために召されたのです。ただ、その自由を肉の働く機会としないで、愛をもって互いに仕え合いなさい」と勧めます。

このように主イエス・キリストにあって与えられる自由とは、かつて私たちが罪のもとで「神なき束縛」の中で考えていたような自己中心的な自由ではなく、神への服従と被造物世界への奉仕の自由であるということです。それゆえにこそ、神の求めに応じて生きる道は、たとえそれが苦難や迫害の中を通されるような道であったとしても、絶えずキリストによって与えられた罪の赦しがもたらす自由さ、明るさ、朗らかさがあるのです。

ドイツ告白教会闘争に参加し、バルメンの会議に結集した教職、信徒たちは、他の人間に強いられてこの闘いに参与したのでも、何かの義務感によって集まったわけでもありません。彼らにとってこの闘いの列に連なることは、「被造物に対する自由な感謝に満ちた奉仕へと赴く喜ばしい解放」以外のなにものでもありませんでした。このように、彼らを解放したのは、いかなる被造物によっても束縛されることのない、主イエス・キリストの福音そのものであったと言えるでしょう。

この第二項のことばから溢れ出る明るい喜びの響きは、主イエス・キリストの福音そのものが持つ明るさです。しかもその明るさは、終末論的な希望の光に包まれた明るさです。この終末論的な希望のモティーフは、バルメン宣言全体を貫き、続けて学ぶ第三項、第五項、第六項においても顕著に表れる重要なテーマです。

いまはこのような暗やみの力が圧倒する中にあっても、やがて来るべき終わりの時には、神がすべてのすべてとなってくださる。この福音の持つ希望と慰めのゆえに、私たちは信仰の闘いの道を歩まされる時にも、自由と解放の喜びをもってその道を進むことができるのです。

5　生の全領域に及ぶイエス・キリストの主権

第二項の後段部分を見ておきましょう。

「我々がイエス・キリストのものではなく、他の主のものであるような、我々の生の領域があるとか、我々がイエス・キリストによる義認と聖化を必要としないような領域があるなどという誤った教えを、我々は斥ける。」

第一項で私たちはいわゆる「〝と〟の神学」の危険性を確かめました。バルメン宣言は、キリストと並べて他に救いを求めることの過ち、神の御言葉と並べて他に神の啓示の源泉を求めることの過ちを訴えました。だからこそ、この宣言はキリストのみ、御言葉のみの信仰に立つことの確かさを力強く告白したということを私たちは学んだわけです。そしてこのことは、具体的に展開される私たちの日常の場で、第二項のように生のあらゆる領域におけるキリストの支配への告白となって表れてくるのです。

第二項の後段が、徹底的かつ全面的なキリストのご支配を主張するのは、前段で言われたように、キリストが「すべての」罪の赦しについて慰めであり、「全生活」に対する神の力ある要求でもあることに対応しています。キリストが「すべて」の罪から私たちを赦してくださったので、この御方に従う私たちの生もまた「すべて」の生活に及ぶものなのです。

このことは私たちにとって、決して自明のことではありません。むしろ私たちはここでも「〝と〟の神学」の危険性に注意する必要があるでしょう。当時のナチ・ドイツは、世俗の領域における政治的統治を神の自然の啓示と創造の秩序に結びつけ、ヒトラーの支配をキリストの支配と並べていました。その結果、信仰の領域と世俗の領域の二元化に突き進んでいったのです。

しかし、それを後押しするような信仰理解が当時の教会の中にあったことも見落としてはなりません。このことはまた、当時のドイツの特殊で固有な問題だったと片づけることのできない深刻な問いをはらんでいます。なぜなら、「信仰の生活〝と〟世俗の生活」、「信じること〝と〟言い表すこと」、「信仰〝と〟常識」、「聖〝と〟俗」というあらゆる仕方での二元論的な思考が、今日の私たちの信仰理解の中にも影を落としているからです。

現代に生きる私たちも信仰の二元化を打ち破り、キリストのご支配が生活のすみずみにまで行きわたるような、「食べるにも飲むにも」神の栄光につながるような生き方が問われているのではないでしょうか。

キリストが我らのすべてである。キリストが我らの知恵であり、義であり、聖であり、贖いである。日曜日だけでなく、月曜日も、火曜日も、水曜日も、教会の歩みだけでなく、会社でも、家庭でも、学校でも、心の中だけでなく、身体においても、信仰の領域だけでなく、経済においても、政治においても、主がすべてのすべてである。このようなキリストの全面的な支配のもとにあって、ただこの御方のみを主と告白しつつ、神の力ある要求に喜びをもって応えながら、神と世界に仕える自由な奉仕の道へと遣わされているのです。

第四章　バルメン宣言第三項を読む

1　バルメン宣言第三項の基本線

「キリストがすべて」と告白した第二項に続いて、天地万物を統べ治められるただひとりの主イエス・キリストをかしらとして仰ぐ地上の教会の本質と、その使命を言い表す第三項について考えてみましょう。

「『愛にあって真理を語り、あらゆる点において成長し、かしらなるキリストに達するのである。また、キリストを基として、全身はすべての節々の助けにより、しっかりと組み合わされ……る』（エペソ四・一五、一六）。

キリスト教会は、イエス・キリストが御言葉とサクラメントにおいて、聖霊によって、主として、今日も働きたもう兄弟たちの共同体である。教会は、その服従によってても、またその信仰によっても、その秩序によっても、またその使信によっても、罪のこの世にあって、恵みを受けた罪人の教会として、自分がただイエス・キリストの所有であり、ただ彼の慰めと指示によってだけ彼が現れたもうことを期待しつつ生きているということ、生きたいと願っていることを証ししなければならない。

教会が、その使信やその秩序の形を、教会自身の好むところに任せてよいとか、その時々に支配的な世界観的確信や政治的確信の変化に任せてよいなどというような誤った教えを、我々は斥ける。」

第三項は、続く第四項とともに、「教会とは何か」ということを明らかにする条項です。第二項は、主イエス・キリストが「我々のすべての罪の赦しについての神の慰め」また「我々の全生活に対する神の力ある要求」であり、「我々がイエス・キリストのものではなく、他の主のものであるような、我々の生の領域がある」というような「誤った教えを我々は斥ける」ことを明らかにしました。つまり、第二項で主イエス・キリストの被造物世界に対する全面的支配を明らかにしたのに続いて、第三項では天地万物の支配者なる主が「教会の主」であると告白しているのです。

イエス・キリストが教会の主であるということは、第一項、第二項が明らかにしてきた、キリストのみが唯一の救い主であり、万物の支配者であるという真理を証しする務めと責任が教会にゆだねられていることをも意味しています。したがって、第三項の基本線は「イエス・キリストのみがその教会の頭であり主であることを主張する」[*23]（宮田光雄）ものであり、「教会の主はだれであり、そこから、教会の使信はなんであり、また教会の秩序はどうあるべきかに関する、神学的な規定であるということができよう」[*24]（雨宮栄一）と指摘されるように、教会についての本質規定と言うことができるのです。

2　バルメン宣言第三項とエペソ人への手紙四章

バルメン宣言第三項の冒頭に掲げられる御言葉は、エペソ人への手紙四章です。

「愛にあって真理を語り、あらゆる点において成長し、かしらなるキリストに達するのである。また、キリストを基として、全身はすべての節々の助けにより、しっかりと組み合わされ……る。」（四・一五、一六、口語訳）

「むしろ、愛をもって真理を語り、あらゆる点において、かしらであるキリストに向かって成長するのです。キリストによって、からだ全体は、あらゆる節々を支えとして組み合わされ、つなぎ合わされ、それぞれの部分がその分に応じて働くことにより成長して、愛のうちに建てられることになります。」（同、新改訳２０１７）

教会についての教えはパウロ書簡の重要なテーマの一つです。パウロはさまざまな表象を用いて教会の姿を描き出していますが、それらの中で最もユニークかつ重要なのが、教会を「キリストのからだ」とする表現です。この表象は主にコリント人への手紙とエペソ人への手紙の中で取り上げられています。コリント人への手紙が地上の教会の具体的な諸課題との関わりで教会論を論じるのに対し、公同的・普遍的な教会論を扱うのがエペソ人への手紙の特色です。

パウロは、エペソ人への手紙一章二〇、二一節で「この大能の力を神はキリストのうちに働かせて、キリストを死者の中からよみがえらせ、天上でご自分の右の座に着かせて、すべての支配、権威、権力、主権の上に、また、今の世だけでなく、次に来る世においても、となえられるすべての名の上に置かれました」として、キリストの唯一無比なる権威とその宇宙論的支配について語りました。これはちょうど第二項の源泉となる教えです。

そして、キリストについて続く二二、二三節ではこう語ります。

「また、神はすべてのものをキリストの足の下に従わせ、キリストを、すべてのものの上に立つかしらとして教会に与えられました。教会はキリストのからだであり、すべてのものをすべてのもので満たす方が満ちておられるところです。」

こうしてパウロは、主なるイエス・キリストが、いまやご自身のからだである教会のかしらであることを言い表し、教会がその存在の起源や由来を、地上のなにものにも置くことのない超越論的な存在であり、この地上にあって神の国の現実を担うべく建てられた固有の使命を持つことが示されるのです。

3　兄弟たちの共同体としての教会

次に第三項の前段の部分を見ていきましょう。

「キリスト教会は、イエス・キリストが御言葉とサクラメントにおいて、聖霊によって、主として、今日も働きたもう兄弟たちの共同体である。」

ここで、教会の本質をたいへん簡潔なことばで表現していますが、その簡潔な表現の中に教会を語る、まことに豊かな内容が込められています。この点を、第三項の草稿段階から最終版に至るまでのテキストの変遷をたどりながら確かめておきたいと思います。[*25]

一九三四年五月十三日にバルトが草稿として準備した「ボン・テーゼ」と呼ばれる文書は、次のようになっていました。「教会は、兄弟たちの共同体として、彼らの共同の主、イエス・キリストが頭である体である。」これに基づいて、バルトやルター派神学者のアスムッセン、ブライトとがともにまとめたのが五月十六日の「フランクフルト合意案草案」です。そこでは、第三項は「キリスト教会は、イエス・キリストが主として宣教される兄弟たちの共同体である」となりました。

その後、さらなる修正が重ねられ、五月三十一日の会議席上で採択された決定稿が「キリスト教会は、イエス・キリストが御言葉とサクラメントにおいて、聖霊によって、主として現臨し、働きたもう兄弟たちの共同体である」です。これらのテキストの変遷の中ではっきりしてくるのは、第三項の主要な告白が「イエス・キリストが教会の主である」ということと、「キリスト教会は、兄弟たちの共同体である」であるということです。

ここで第三項が、教会を「兄弟たちの共同体」と言い表していることの意味を考えたいと思います。なぜ、バルメン宣言がここで「教会」について語り、しかも教会を「兄弟たちの共同体」と言ったのでしょうか。そこには、告白教会闘争を闘ったのは決して牧師や神学者たちだけでなく、現実に教会に生きた信仰者たちの群れ、文字どおりの「兄弟たちの共同体」だったという事実があったのだろうと思います。そして、その闘いにおいては、まさに「教会とは何か」が鋭く問われたのではないでしょうか。

ドイツ告白教会闘争の姿を正しくとらえるためには、これを単なる思想や運動としてとらえるだけでは不十分です。むしろその実相は、現実の教会の牧師や信徒の苦渋に満ちた日々に近づくことにおいて認められるものです。告白教会の闘いがまさしく信徒たちの闘いであったことについて、三つのことばを引用しておきたいと思います。一つめは説教学者として知られる加藤常昭先生が、ドイツの神学者、説教者であったイーヴァントについて記したエピソードです。

「告白教会に属して、教会員とともに闘い続けた説教者たちは、正しく教会員とともに、教会員に先立って殉教する覚悟がなければならなかったのである。教会員もまた、自分たちのいのちに関わる思いで、権力と闘う牧師を迎え、これを支え、献げるべきものを献げ、自分たちもまたキリストに仕え、そこで牧師のことばに耳を傾け続けた。たとえば、このようなとき、私が誰よりも思い起こすのは、ハンス・ヨアヒム・イーヴァントであるが、このひとはナチの権力によって、本来の働き場所であったドイツ東部から追われに追われて、西に逃れ、ようやくドルトムントの教会の説教者として迎えられ、激しい空襲に耐えながら、敗戦に至るまで生き延びた。このとき、教会長老会は、権力との摩擦を恐れてイーヴァントの就任を認めようとしなかった教会上層部に対して、言ってみればからだを張って、それに抗してイーヴァントを守り抜いたのである。*26」

二つめは、宮田光雄先生がバルメンの会議の会場となったゲマルケ教会について紹介したエピソードです。

「しばしば、教会員の集会がもたれ、共同の祈禱や信仰の告白がなされました。とくに、新しい教会紙が創刊され、しだいに国家的に統制された一般紙からは期待されない情報を提供し、信仰的武装にも大きな力をそえたのです。……闘争の時期を通じて、毎聖日、会堂いっぱいの会衆が集ったといわれます。そして人びとは、逮捕され免職された牧師のために《危急献金》を喜んでささげ、告白教会の闘争の重要な経済的支えとなりました。しかも、その献金は年を追うごとにますます多額になっていったのです。そのほか、説教や講演を印刷したり、教会闘争の状況や告白大会の数々の決議を伝える情宣活動も、けっして中止されませんでした。のちに印刷がドイツで不可能になったとき、スイスの商人がそれを引き受け、ドイツ旅行の途次、ゲマルケ教会にも立ち寄って配布し、ひそかに支援したこともあるそうです。これらの印刷物は回章の手紙として各地に発送されました。この大量郵送が発覚しないため、若い教会員が深夜トラックに積み込んでルール地方やドイツの各地を走り、少しずつポストに投げ入れる戦術などもとられています。教会闘争がしだいに地下運動の形をとるようになるにつれて、告白教会の代議員会やまた閉鎖されたエルバーフェルト神学校の講義や神学試験すらも、しばしば、バルメンの教会員や長老の宅で夜ひそかに行なわれたこともあったといわれます。こうしてゲマルケ教会は、終始、教会闘争のいわば第一線基地として、きわめて重要で名誉ある役割を果たすことができたのです。[*27]」

三つめは、ドイツのハイデルベルク大学の教義学者であり、ドイツ告白教会闘争の研究者であったハインツ・E・テートの重要な指摘です。

「教会闘争は、とりわけ破壊された教会における闘争は、じつにリアルなファクターをめぐる厳しい戦いであった。そこでは、財源のことが、そして教会や教会集会室の居住権のことが問題であった。職務の解任および追放のことが問題であった。すなわち、教会に奉仕する何千もの家庭の生計の問題であり、要するに、教会財政をひっくるめた問題であった。……しかし、弾圧を受けることによって、非合法状態へと追い込まれることによって、数限りない不当な措置を受けることによって、二つのものが生じた。すなわち、ますます原則的に抵抗しようとする意志、そして往々にして同時に、長期にわたる闘いの結果、心身の疲労困憊と無力感とが生じた。したがって、教会闘争は、弾圧による受難の歴史であると同時に、それに抵抗する様々な必死の試みの歴史でもある。*28」

「告白教会闘争」と聞くと、ある方は教会が国家や政治体制とぶつかり合った闘いを想像されるかもしれません。しかし実際には、告白教会闘争は直接に教会が国家と向き合うという構図ではなく、真の教会とは何か、教会のかしらはどなたか、教会が聴くべき声はだれの声なのかという問いをめぐる闘いであり、まさしく教会の闘いだったのです。そしてそのような闘いを支えた力の源は、ただイエス・キリストのみが教会の主であるという確信と、我々一人一人こそが教会なのだという確信であったのです。[*29]

4　教会のしるし

フランクフルト合意案の「キリスト教会は、イエス・キリストが主として宣教される兄弟たちの共同体である」という文案と、最終的なバルメン宣言の本文の「キリスト教会は、イエス・キリストが御言葉とサクラメントにおいて、聖霊によって、主として、今日も働きたもう兄弟たちの共同体である」という本文を読み比べてすぐに気づくのは、後者に「御言葉とサクラメントにおいて」と「聖霊によって」という文言が加えられていることです。

この追加修正の背景には、宣言確定をめぐるルター派と改革派の神学の相違を含めた複雑な経過がありました。端的に言って、ルター派側が「御言葉とサクラメント」を入れることを要求し、これに応じるなかで改革派側から「聖霊によって」を入れて決着したということでした。[*30]

しかし、結果的にはこれらの文言が追加されたことでバルメン宣言第三項は、教会論についての重要な本質規定を備えることに至ったといえるでしょう。

まず、教会は主イエス・キリストが「御言葉」と「サクラメント」（聖礼典）によって働かれるところであるという主張は、宗教改革の教会が確立したいわゆる「教会の目印」論（notae ecclesia）と呼ばれる教えに基づいています。ルター派陣営がこの文言にこだわった理由には、ルター派の最重要の信仰告白である『アウグスブルク信仰告白』（一五三〇年）においてこそ、この教会の目印論が最初に明確に語られたという歴史的背景があったと考えられます。

アウグスブルク信仰告白第七条にはこう記されています。「唯一の聖なるキリスト教会は、常に存在し、存続すべきである。それは、全信徒の集まりであって、その中で福音が純粋に説教され、サクラメントが福音に従って与えられる。[*31]」

これに対して改革派陣営が、「聖霊によって」をさらに加えようとした背景には、御言葉と聖礼典は聖霊の働きのもとにあってこそ、生けるキリストの臨在を現すという確信があったからでした。『ハイデルベルク信仰問答』の第六五問に次のように言われるとおりです。

問六五　ただ信仰のみが、わたしたちをキリストとそのすべての恵みにあずからせるのだとすれば、そのような信仰はどこから来るのですか。

答　聖霊が、私たちの心に聖なる福音の説教を通してそれを起こし、聖礼典の執行を通してそれを確かにしてくださるのです。

いずれにしても大切なことは、バルメン宣言第三項が教会の目印を言い表したとき、そこではドイツ的キリスト者信仰運動が主導権を握ることで国家権力のもとにすり寄っていった帝国教会に対して、明確な態度表明がなされたということです。

このような状況下にあって、たとえ会堂を追われ、任地を失い、国家からの合法的な援助を打ち切られ、見えるところでは教会の存亡の危機に立たされていたとしても、それでもなお御言葉を通して福音が純粋に説教され、聖礼典が執り行われるとき、ただひたすらに生けるキリストのもとに集う、そのような兄弟たちの共同体こそが真の教会であるのだ、という揺らぐことのない確信が言い表されていたのでした。

5 兄弟たちの共同体とユダヤ人問題

これに加えて重要なことは、「兄弟たちの共同体」という一句の中に、「ユダヤ人たち」の存在が見つめられていたのではないかということです。

バルメン宣言には、直接的にユダヤ人問題に対する言及はありません。ここにバルメン宣言の限界性を見るという指摘もあります。そのバルメン宣言と対照的なものとして、「オランダにおける『バルメン宣言』」と呼ばれる一九四一年の「アマスフォールト・テーゼ」では、第四項で「われわれは、イスラエルに対して攻撃的姿勢をとる者はイスラエルの神に対して反抗する者である、と信じる」、「われわれは反ユダヤ主義が非人間的な人種イデオロギーよりもさらに重大な問題であると見なす。われわれは、反ユダヤ主義を、われわれがその御名を告白する聖なる憐れみに満ちた神に逆らう、最も頑固で最も致命的な形態の一つである、と断定する」として徹底的な批判を加えています。[*32]

確かにドイツをはじめとするヨーロッパのキリスト教会において、「ユダヤ人問題」は一つの大きな棘でした。ユダヤ人に対する根深い差別意識は、教会の中にも「キリストを十字架につけた民」として根深く存在していましたし、ナチ時代のドイツ的キリスト者運動は、このような反ユダヤ主義を深く内包したものでした。こうした意識が、あの恐るべきユダヤ人虐殺に対して教会が公然と批判し得なかった要因の一つでもあったのです。

そのようななかで、第三項が教会を「兄弟たちの共同体」と言い表したとき、そこではユダヤ人たちの問題は決して見過ごされてはいませんでした。

佐藤司郎先生は、バルトの一九三三年の記念碑的論文『今日の神学的実存！』の中で、バルトがドイツ的キリスト者を拒否する理由として挙げた八項目の文章の第六項に注目します。「教会の属する者たちの交わりは、血によっても、したがってまた種によっても規定されるのではなく、聖霊と洗礼によって規定される。もしドイツ福音主義教会がユダヤ人キリスト者を排斥したり、あるいはこれを第二身分のキリスト者として取り扱うようなことがあれば、ドイツ福音主義教会は教会であることを止めるであろう。」佐藤先生は「ここに『兄弟たち』という言葉はないが、ユダヤ人キリスト者がむろん正規の教会員として位置づけられていることは明らかである」と指摘しています。*33

しかし、ドイツにおいてユダヤ人問題にいち早く反応し、ユダヤ人たちを意味する用語として「兄弟」を用いたのはディートリヒ・ボンヘッファーでした。彼はバルメン宣言の一年前の一九三三年の四月に講演『ユダヤ人問題に対する教会』を行い、「国家が教会とその宣教の本質を侵害した場合」がすでに存在しているとして、「われわれの教会の交わりから洗礼を受けているユダヤ人を強制的に閉め出し、ユダヤ人に対する伝道が禁止されるというようなことが起こるところに存在する。ここでキリスト教会は、信仰告白の事態（statu confessionis）に直面し、ここで国家は、自分を否認する行為に直面する」と述べました。

また同年八月頃には、古プロイセン合同教会が「アーリア条項」受け入れに傾くと、『教会におけるアーリア条項』を著し、この条項が教会の信仰告白への侵害であるとして根本的な批判を加えます。

さらに同じころにボンヘッファーが中心となって起草した『ベテル信仰告白』では、次のように述べています。「教会に属する者たちの交わりは、血による、したがって民族的な結びつきではなく、聖霊と洗礼によって結ばれた交わりである。……異教世界の出身であるキリスト者は、み言葉とサクラメントとによってその基を与えられたユダヤ人キリスト者との教会的な兄弟関係を、自由意志によってか強制的にか、ただ一つの関係においても放棄してしまうよりも、むしろ自分自身を迫害の矢面に立たしめなければならないのである。[*34]」

このようにボンヘッファーにとって、ユダヤ人問題は教会の存立に関わる「信仰告白の事態」であり、同時に、決して避けて通ることのできない責任倫理の課題でした。

ボンヘッファーの踏み込んだことばを読むとき、バルメン宣言がユダヤ人を兄弟たちの共同体の一員であると明言しなかったことの限界は十分に記憶されるべきものでしょう。バルト自身も戦後、自らが関わったバルメン宣言において、ユダヤ人問題を決定的なこととしては主張しなかったことに罪責を感じていたと言われます。

いずれにしてもバルメン宣言が、ユダヤ人問題を通しても「教会とは何か」を鋭く問われたこと、それに対して明示的ではなかったとしても「キリスト教会は、兄弟たちの共同体である」と告白することで、ユダヤ人たちをも含めてキリストの教会であることを言い表したことを心に刻みたいと思います。在日外国人の方々に対するさまざまなヘイトクライムがはびこり、民族主義が台頭し、人種差別や排外主義的な思想を持つ為政者たちが跋扈《ばっこ》する時代にあって、私たちの告白に生きるあり方もまた深く探られているからです。

6　教会の所有者、教会の使命

次に第三項の中段の部分を読みます。

「教会は、その服従によっても、またその信仰によっても、その秩序によっても、またその使信によっても、罪のこの世にあって、恵みを受けた罪人の教会として、自分がただイエス・キリストの所有であり、ただ彼の慰めと指示によってだけ彼が現れたもうことを期待しつつ生きているということ、生きたいと願っていることを証ししなければならない。」

このくだりは、教会がだれの所有であり、それは何によって証しされるかという教会の使命が明らかに語られるところです。私がお仕えしている教会は「徳丸町キリスト教会」ですが、いつも教会の兄弟姉妹たちに語るのは、この名称は、この教会がだれの所有であるかを示しているということです。

徳丸町キリスト教会は、徳丸にあるキリストの教会である。これを当たり前のこととしてほしくないのです。この教会が牧師のものでも役員のものでも、一部の会員のものでも他の人々のものでも、まして国家のものでもない。この教会はキリストの教会である。このことを私たちが繰り返し確認していかなければ、この当たり前と思うことが当たり前でなくなる危険性がいつもあることを忘れてしまうでしょう。

その意味で、第三項が「教会は……自分がただイエス・キリストの所有であり、ただ彼の慰めと指示によってだけ彼が現れたもうことを期待しつつ生きている」と語るとき、そこに教会の主はイエス・キリストのみであり、教会はキリストの所有であることが言い表されているのです。

このくだりは、ハイデルベルク信仰問答の第一問と共鳴しています。

問一　生きるにも死ぬにも、あなたのただ一つの慰めは何ですか。

答　わたしがわたし自身のものではなく、体も魂も、生きるにも死ぬにも、わたしの真実な救い主イエス・キリストのものであるということです。

しばしばこの文言は、個人的・主観的な表現と受け取られることがあります。しかし、バルメン宣言第三項が示すように、ここでの「わたし」は兄弟たちの共同体における「わたし」なので、キリストのからだとしての教会も、同じようにキリストのものとされている慰めに生きることができるのです。

しかし、第三項は慰めを語るにとどまらず、そこで「慰めと指示」（Trost und Weisung）として、教会に対する「指示」を語ります。それは、第二項で語られた「神の慰めと力ある要求」を思い起こさせる表現であり、また慰めのもとに託される教会の使命と言い換えてもよいでしょう。

では、教会の使命とは何か。それは「証ししなければならない」ことだとされます。では、何を証しするのか。それは「自分がただイエス・キリストの所有であり、ただ彼の慰めと指示によってだけ彼が現れたもうことを期待しつつ生きているということ、生きたいと願っていること」です。それをどう証しするのかというと、それは「その服従によっても、またその信仰によっても、その秩序によっても、またその使信によっても」というのです。証しの使命に生きるという、まさに信仰告白の共同体としての教会の姿がここに現れています。

ここで第三項は、教会の証しが「服従、信仰、秩序、使信」によって立てられると言うのですが、信仰の問題は第一項で、服従の問題は第二項で、使信の問題はこの第三項で、そして、秩序の問題は次の第四項で扱われることがわかります。さらにこの段落で心に留まるのは、「罪のこの世にあって、恵みを受けた罪人の教会として、自分がただイエス・キリストの所有であり、ただ彼の慰めと指示によってだけ彼が現れたもうことを期待しつつ生きているということ、生きたいと願っていること」ということばです。

罪の世にあって、地上の教会もまた罪と無関係に生きられるわけではありません。私たちは完成された存在ではなく、私たちもまた罪の世にあって罪人の教会であることを免れません。けれども、教会は罪人の集まりであると同時に、「恵みを受けた」罪人の教会、罪の赦しの恵みを受けた教会です。だからこそ、赦しの恵みの中で福音の慰めによってのみ、この闘いの時代を生き抜くことができるのです。

しかもその先に、「彼が現れたもうこと」への期待、主イエスの再臨に対する希望があるからこそ、この困難な時代のなかに、それを超えて生きることへの願いを持ち続けることができるのでしょう。この終末論的な希望こそが、バルメン宣言を貫く「明るさ」の基調音と言えるのです。

７　教会の主、イエス・キリスト

最後に第三項の後段部分を見ておきましょう。

「教会が、その使信やその秩序の形を、教会自身の好むところに任せてよいとか、その時々に支配的な世界観的確信や政治的確信の変化に任せてよいなどというような誤った教えを、我々は斥ける。」

ここであらためて、バルメン宣言第三項が「教会とは何か」を問うたことの意味を考えてみたいと思います。それは、教会が自らの所有者を教会のかしらなる主イエス・キリスト以外のもの、すなわち国家やその指導者にゆだねてしまい、教会に託された固有な使命をナチの世界観完成の使命に移し替えてしまったことへの抵抗の意志を示すためであったと言えるでしょう。バルメンの会議に集まったドイツ告白教会が向かい合っていた闘いの相手は、まさしく「その時々に支配的な世界観的確信や政治的確信」であったのです。

それは単に当時のナチ政権下のドイツの教会に限ったことではなく、私たちの日本の教会の歴史のなかに映し出されてくる課題でもあります。教会が、自分たちが聞き従うべき唯一の方の声を退けて、まことの教会の所有者なる方の上に国家を置き、主から託された教会の証しの使命に代えて国家の使命に仕えることを至上の使命としたとき、そこではまさに教会が教会であることを捨てるということが起こったのです。そのような中で、真の教会とは何であるかということがこれ以上ないほどに鋭く問われたのでした。

その意味でバルメン宣言第三項は「教会はいったいだれのものなのか」「教会の主とはいったいだれなのか」という教会としての最も本質的な問いを、いまも私たちに投げかけているのです。

第五章　バルメン宣言第四項を読む

1　バルメン宣言第四項の基本線

バルメン宣言の本文も後半に入っていきます。ここでは、主イエス・キリストがご自身のみからだなる教会に立てられた「務め」とその性質、その根拠づけを扱う第四項について考えておきたいと思います。

『あなたがたの知っているとおり、異邦人の支配者たちはその民を治め、また偉い人たちは、その民の上に権力をふるっている。あなたがたの間ではそうであってはならない。かえって、あなたがたの間で偉くなりたいと思う者は、仕える人と……ならねばならない』（マタイ二〇・二五、二六）。

教会に様々な職位があるということは、ある人々が他の人々を支配する根拠にはならない。それは教会全体に委ねられ命ぜられた奉仕を行うための根拠である。
教会が、このような奉仕を離れて、支配権を与えられた特別の指導者を持ったり、与えられたりすることができるとか、そのようなことをしてもよいなどという誤った教えを、我々は斥ける。」

第四項は、前の第三項とともに「教会とは何か」ということを明らかにする条項です。先の第三項でキリストが教会のかしら、教会はキリストにある兄弟の共同体であると言い表したのに続いて、第四項では、教会の職務の性質とその根拠づけが明らかにされています。

第三項、第四項は、教会についての基本的な教えが語られているところですが、なぜそのような教会の教えが、この宣言の中で取り上げられる必要があったのかを、よく考えなければなりません。そこには当時、聖書に基づく教会論や職務論そのものが根底から覆されるような主張が、大手を振ってまかり通っていたという事情があるのです。

ナチ・ドイツは、圧倒的な暴力的支配とともに、いくつもの独特な概念を用いて強力なファシズム国家体制を作り上げていきました。その特殊な概念の一つとして知られるのが、後に触れる「指導者原理」（Führerprinzip）でした。ナチ国家はこの原理に基づいて政治や教育、労働や市民生活のすべてを一つの統治のもとに統合していったのですが、そこでは教会もまた例外であることは許されず、この原理への順応が要求されました。そして、キリストのみを唯一の主権者と告白する教会が、現実には「支配権を与えられた特別な指導者」の支配のもとに屈服させられるという事態が生じたのです。

そのようななかで、第四項は聖書の教える教会の務めのあり方をはっきりと示しています。それは「キリスト教は教会の首であり、教会はキリストを信ずる兄弟たちの共同体であるという主張から、必然的に導き出される結論」[*35]（雨宮栄一）であり、また「教会がこの世の只中に立ちながら、この世によって支配されないことを主張する」[*36]（宮田光雄）ものであったのでした。

2　バルメン宣言第四項とマタイの福音書二〇章

第四項の冒頭に掲げられる御言葉は、マタイの福音書二〇章です。

「あなたがたの知っているとおり、異邦人の支配者たちはその民を治め、また偉い人たちは、その民の上に権力をふるっている。あなたがたの間ではそうであって

はならない。かえって、あなたがたの間で偉くなりたいと思う者は、仕える人と
……ならねばならない。」

（マタイ二〇・二五、二六、口語訳）

「あなたがたも知っているとおり、異邦人の支配者たちは人々に対して横柄にふるまい、偉い人たちは人々の上に権力をふるっています。あなたがたの間では、そうであってはなりません。あなたがたの間で偉くなりたいと思う者は、皆に仕える者になりなさい。」

（同、新改訳２０１７）


これは、十字架の待つエルサレムに向かおうとする主イエス・キリストが、弟子たちを前にして、受難の予告をした直後に語られたことばです。このことば自体は、前の二〇節以降でゼベダイの母、すなわち十二弟子のヤコブとヨハネの母が主イエスに対して、天の御国の座で二人の息子を主の左右の座に着けてほしいと願ったことに対するお答えでした。ここで主イエスは、この世の国の権威の仕組み・性質と、神の国の権威の仕組み・性質との根本的な違いを示しておられるのです。

人間の社会において、職務はしばしば権力と結びつき、人を支配する力の概念として働きやすいものです。そして一歩でも人より先んじること、上を行くことがよしとされ、力を得るものが勝者であり、人の後塵を拝し、下に立つものは敗者であるという価値観

が支配的です。特に現代社会においては、このことが露骨に現れていると言えるのではないでしょうか。「勝ち組・負け組」の二極化が進み、だれもが勝ち組の側に入るために必死になっています。

ところが、主イエス・キリストは、このような価値観を根底から覆す新しい教え、神の国の教えを語られます。主はここで「あなたがたの間で偉くなりたいと思う者は、皆に仕える者になりなさい」、神の国にあっては仕える者こそが偉い者であると言われます。それは「上を目指すなら裏方で汗をかいてアピールせよ」というような単なる処世術ではなく、むしろこの世の常識、価値観ではとらえきれない神の国のあり方を示すユニークな教えなのです。

第四項が教会の職務を言い表すにあたって、この主イエスの御言葉を掲げたということは、教会の職務が神の国の原則に基づくものであって、ナチの「指導者原理」とは根本的に異なるものであることを示すためのものであったと言えるでしょう。

３　教会の務め

次に第四項の前段の部分を見ていきます。

「教会に様々な職位があるということは、ある人々が他の人々を支配する根拠にはならない。それは教会全体に委ねられ命ぜられた奉仕を行うための根拠である。」

ここで四項は「教会に様々な職位（Amt）があるということ」を認めます。この教会の職務を考えるにあたり、ハイデルベルク信仰問答の第三一、三二問を手がかりとしたいと思います。

問三一 なぜこの方は「キリスト」すなわち「油注がれた者」と呼ばれるのですか。

答 なぜなら、この方は父なる神から次のように任職され、聖霊によって油注がれたからです。すなわち、わたしたちの最高の預言者また教師として、わたしたちの贖いに関する神の隠された熟慮と御意志とを、余すところなくわたしたちに啓示し、わたしたちの唯一の大祭司として、御自分の身体による唯一の犠牲によってわたしたちを贖い、御父の御前でわたしたちのために絶えず執り成し、わたしたちの永遠の王として、御自分の言葉と霊とによってわたしたちを治め、獲得なさった贖いのもとに、わたしたちを守り保ってくださるのです。

問三二　しかし、なぜあなたが「キリスト者」と呼ばれるのですか。

答　なぜなら、わたしは信仰によってキリストの一部となり、その油注ぎにあずかっているからです。それは、わたしもまたこの方の御名を告白し、生きた感謝の献げ物として自らをこの方に献げ、この世においては自由な良心をもって罪や悪魔と戦い、ついには全被造物をこの方と共に永遠に支配するためです。

ここでは、油注がれたメシアなる主イエス・キリストの預言者・祭司・王としての職務と、そのキリストの職務にあずかる私たちの職務について教えられています。そこでまず大切なのは、私たちが主イエスの御業を「職務」として理解することです。旧約聖書において「油注ぎ」が預言者職をはじめとして主なる神の特別な任職の行為であったように、主イエスの地上における生涯とそこで果たされた御業も父なる神の油注ぎによってゆだねられた務めの行使でした。そして、主イエスが成し遂げられた贖いは、父なる神の油注ぎによってゆだねられた務めの全うであったことを覚えたいと思います。

次に覚えたいのは、教会にゆだねられた職務が主イエス・キリストの職務の教会における展開だということです。ハイデルベルク信仰問答第三二問に記されているように、私たちの救いは教会への召しであり、教会を通しての神の民への召しです。それで救われ、キリストの一部となった私たちは、聖霊の働きによってこのキリストの油注ぎにあずかるがゆえに、その職務を担う者とされているのです。

教会の務めを担う者は、生まれもって備わった資質や能力、個人的なカリスマによるのではなく、あくまでも主なる神からの召しと賜物によって立てられた者です。その人が果たす務めは、教会のかしらなる主イエス・キリストの預言者、祭司、王としての職務の展開であり、それゆえにこの務めには主イエス・キリストの権威がともなうのです。

4　教会の務めと権威の問題

次に教会の務めにともなう権威の問題を考えます。教会において、務めと権威の関係がきちんと確立されていないところにさまざまな問題が生じてくることを、バルメン宣言はとらえています。だからこそ、第四項において教会の務めにともなう権威を認めつつ、それが「ある人々が他の人々を支配する根拠にはならない」と釘を刺すのです。

権威は力の行使をともなうゆえに、時に人間的な支配の力として働きやすいという危険性を持っています。ですから教会においては、権威の問題を聖書に基づいて整理しておくことが大切でしょう。教会に与えられた権威は、個人の人格や能力、資質に結びついた人間的な権威ではなく、あくまでもゆだねられた職務のゆえの権威です。この点は今日の教会においても繰り返し確認される必要があるでしょう。

しかし実際には、この権威の理解の不十分さゆえにさまざまな誤解が生まれ、教会の中に混乱が起こってきます。特に権威を帯びる牧師たちが、その権威が本来自らにゆだねられた務めに結びつくものであるにもかかわらず、それを自らの存在と結びつけ、自分のことばや振る舞いを権威づけて自らを絶対的な存在にしようとするところに、今日の教会の抱える深い問題があるように思います。

パウロは、エペソ人への手紙四章一一節で、「キリストご自身が」教会に務めをお立てになったと言いました。このキリストご自身にこそ、務めにともなう権威の源泉があるのです。またハイデルベルク信仰問答の第五四問にこう記されます。

問五四　「聖なる公同の教会」について、あなたは何を信じていますか。

答　神の御子が、全人類の中から、御自身のために永遠の命へと選ばれた一つの群れを、御自分の御霊と御言葉とにより、まことの信仰の一致において、世の初めから終わりまで集め、守り、保たれる、ということ。そしてまた、わたしがその群れの生きた部分であり、永遠にそうあり続ける、ということです。

ここに明らかにされているように、教会の権威は「神の御子」にあります。その御子の権威は、「御自分の御霊と御言葉とにより」、ご自身の群れを「世の初めから終わりまで集め、守り、保たれる」という霊的な支配であって、決して人間の力による支配ではないのです。

5　仕えられるためでなく、仕えるために

さらに第四項は、これらの教会の務めが「教会全体に委ねられ命ぜられた奉仕を行うため」に与えられていると告白しています。この点において、この世の権威の仕組み・性質と、神の国の権威の仕組み・性質との根本的な違いが鮮明に表されると言えるでしょう。

第四項が明らかにしていることは、パウロがコリント人への手紙第一、一二章で「キリストのからだの各器官」として語った有機的な教会論そのものです。教会の働きには多様性があり、それぞれキリストのからだの各器官としての役割と、役割にふさわしい権威が託されています。しかしそれは、ある特定の職務に従事する者が、他の者を支配するというような性格のものではなく、教会全体が唯一のかしらなる主イエス・キリストに奉仕し、愛をもって互いに仕え合う奉仕的な職務なのです。エペソ人への手紙四章一二節では、「それは、聖徒たちを整えて奉仕の働きをさせ、キリストのからだを建て上げるため」と言います。

さらにローマ人への手紙一二章三節で、「思うべき限度を超えて思い上がってはいけません。むしろ、神が各自に分け与えてくださった信仰の量りに応じて、慎み深く考えなさい」と教えられているとおりです。

そもそも主イエス・キリストご自身が、へりくだりの姿と「しもべ」のあり方でご自身の務めを示してくださいました。第四項が掲げた御言葉のすぐ後、マタイの福音書二〇章二八節で主イエスがこう言っておられるとおりです。「人の子が、仕えられるためではなく仕えるために、また多くの人のための贖いの代価として、自分のいのちを与えるために来たのと、同じようにしなさい。」

教会の職務も、その本質においてキリストの奉仕にならう奉仕的な職務であって、その職務にゆだねられている権威もまた、奉仕的に遂行されることを強調しておきたいと思います。

6　指導者原理に抗って

最後に第四項の後段部分を見ておきましょう。

「教会が、このような奉仕を離れて、支配権を与えられた特別の指導者を持ったり、与えられたりすることができるとか、そのようなことをしてもよいなどという誤った教えを、我々は斥ける。」

本章の冒頭で触れたように、第四項が教会の権威と奉仕について言い表すのは、当時のナチス・ドイツを支配する一つの独特な行動原理に対抗するためでした。それは、ワイマール時代の民主主義政治体制を批判し、むしろ一人の有能な指導者によって集団は統治されるべきだと考えたヒトラーが、自らの独裁政治体制を築き上げていくためにその著著『我が闘争』で明らかにした「指導者原理」（Führerprinzip）と呼ばれるものです。

この原理の特色は、「第一に、集団メンバーの集団指導者にたいする関係を意味する。そこでは、集団指導は、討論の代わりに上からの命令を原則とする。集団の指導者は選挙によるのではなく、上から任命され、その活動は個別的な委任にもとづいて行なわれる。第二に、《指導者原理》は、《民族同胞》ないしナチ党員の指導者＝総統ヒトラーにたいする関係を意味する。とくにこの関係は、いっそう正確には、《総統》にたいする《忠誠》というナチ的観念とも結びつく。さらに、これらの二つの用法の前提として、狭義の《指導者原理》は、一種の公法学的表現としても理解された。すなわち、ヒトラーの意志は最高の法として妥当し、《総統命令》は、あらゆる法原則に優先するという意味をもつ」というものでした。[*37]

ドイツ的キリスト者運動も「指導者原理」を自らに当てはめ、「一つの国家、一つの教会、一人の監督」をかけ声として、帝国教会監督による教会の一元的な管理を目論んだのでした。

これに対してバルメン宣言は、第三項で教会を「兄弟たちの共同体」と呼んで、教会が、かしらなる主イエス・キリストの所有であることを明らかにし、その使信や秩序を国家にゆだねてはならないことを宣言しました。続いて第四項では、教会の職務や権威、秩序の目的はただ「教会全体に委ねられ命ぜられた奉仕を行うための根拠である」ことを明らかにします。

そして「教会が、このような奉仕を離れて、支配権を与えられた特別の指導者を持ったり、与えられたりすることができるとか、そのようなことをしてもよいなどという誤った教えを、我々は斥ける」と宣言して、御言葉の示す原理以外のもので教会が支配されるようになってはならないことを教えるのです。

教会は、だれかがだれかを支配するような場所ではありません。人の声は神の声を上回ることはできず、この世の権威や権力、経済の力も神のことばの権威を超えることができません。しかし、時にそれらが神のことばの権威以上に力を持ち、主イエスのご支配にまさる力を得ようとすることがあるのです。そのような時に教会は、主イエスご自身から託されているものを簡単に手放してしまってはなりません。ここに教会の自律性を保持するための闘いがあると言えるでしょう。

さらにまた、教会はこの世にありながら、この世に属することのないキリストにある共同体として、この世界で「被造物に対する自由な感謝に満ちた奉仕へと赴く」という大切な使命を与えられていることも忘れてはなりません。

教会はこの世界に奉仕するために建てられているのであり、福音の奉仕者として私たちはこの世に遣わされ、そこで日々の営みに従事しつつ、主の証しに生きるのです。そこで私たちが見つめるべき仕えるしもべの姿の原点は、人となりたもうた神の御子イエス・キリストご自身のお姿にほかなりません。主イエス・キリストのお姿そのものが、私たちに「仕える」ということのリアリティーを証ししているのです。

第六章　バルメン宣言第五項を読む（一）

1　バルメン宣言第五項の基本線

バルメン宣言の全六条項の中でもとりわけ重要な意味を持つのが第五項です。そこで二回に分けてこの条項を学びたいと思いますが、まず本章では神のことばによって規定される国家のあり方と、その限界について考えたいと思います。

『神をおそれ、王を尊びなさい』（Iペテロ二・一七）。

国家は、教会もその中にあるいまだ救われていないこの世にあって、人間的な洞察と人間的な能力の量りに従って、暴力の威嚇と行使をなしつつ、正義と平和のために配慮するという課題を、神の定めによって与えられているということを、聖書は我々に語る。教会は、このような神の定めの恩恵を、神に対する感謝と畏敬の中に承認する。教会は、神の国を、また神の戒めと義とを想起せしめ、そのことによって統治者と被治者との責任を想起せしめる。教会は、神がそれによって一切のものを支えたもう御言葉の力に信頼し、服従する。

国家がその特別の委託をこえて、人間生活の唯一にして全体的な秩序となり、したがって教会の使命をも果たすべきであるとか、そのようなことが可能であるなどというような誤った教えを、我々は斥ける。

教会がその特別の委託をこえて、国家的性格、国家的課題、国家的価値を獲得し、そのことによって自ら国家の一機関となるべきであるとか、そのようなことが可能であるなどというような誤った教えを、我々は斥ける。」

バルメン宣言は、第一項で主イエス・キリストとその御言葉の支配の絶対性・唯一性を語ります。そして続く第二項で主イエス・キリストの支配の被造物世界全体に対する全面的展開を語り、第三項、第四項で、主イエスの支配の中心に立つ教会とその職務について語りました。

これらに続く第五項では、「国家」の問題が取り上げられます。しかし、このテーマは前の第四項と切り離されて唐突に現れているのではありません。「いずれのテーゼも、他のテーゼとの連関から切りはなして解釈されてはならなかった。第五テーゼについても同様であろう。バルメン宣言の核心にあるのは、この世における生の全領域にたいするキリストを《主》とする信仰告白といってよい」[*38]（宮田光雄）と指摘されるとおりです。

2 「聖書は我々に語る」という視点

バルメン宣言が、どのような政治的状況のもとで生み出されたことばであったかを考えれば、この宣言の中に第五項が含まれることは当然のことのように思います。しかしながら、第五項を読むときに受ける率直な印象は、当時の教会が置かれていた緊迫感を考えると、控えめなほどに政治闘争や抗議のことばとなっていないという事実です。

事実、「ここには、ナチス政府なりその国家体制に対する直接的な批判は何も語られていない。ありのまま読むならば、ここには、国家の固有な課題とその限界、また国家秩序の暫定性、また国家に対する教会の対応の仕方が控え目に語られているにしかすぎない。おそらく当時の教会としては、語るべき最小限度のことを語ったに相違ないのである」[*39]（雨宮栄一）と指摘されるとおりです。

けれども、この姿勢はかえってバルメン宣言が第一項、第二項で言い表したキリストのご支配の唯一性と、その展開の中に国家も包含されているという理解のあらわれとも言えるのではないでしょうか。教会が信仰の事柄を語るときの語り口と、国家や政治の事柄を語るときの語り口が変わるとき、そこでは世俗の権威を、時に意識的に、時に無意識的に、ある種の「圧力」として受け取ってしまい、忖度や譲歩が生まれてしまうということがあり得るでしょう。それ以前に、教会が政治について、そもそも語ることばを持っていないこともあります。

その一方で、教会が国家や政治の事柄を語ることばを得たとしても、それが信仰のことばの語り口とは違う過剰な緊張をともなったり、冷静さを失ったりするとすれば、教会はまだ語るべき本来のことばを獲得していないことを自ら露呈することにつながりかねません。その点で、第五項がキリストを語り、教会を語る同じ語り口で国家の問題を語るという姿勢がぶれていないことが、国家の問題を正しく取り扱う「醒めた」視点を私たちに教えていると思います。

さらに考えれば、教会が国家の問題について発言しようとする際に、それが信仰の論理でなく、この世の政治的言説に取り込まれていくこともしばしば起こり得るものです。そこでは、教会が教会として語らなければならないことばを獲得するに至らず、単なるイデオロギーのことばの言い換えですまされるということが起こります。また、教会が政治的発言をすること自体をタブー視するような傾向が、いまだに教会の中に根強く存在する要因の一つに、教会が固有の信仰のことばを獲得しきれていないという現状があるのではないかとも思われます。

個人的経験からいっても、国家の動きに対して発言するときには、その際に発することばが信仰の論理に支えられたことばになっているかを絶えず問われます。教会の中にも、そのような発言の内容を吟味する前に、イデオロギー的な言説への嫌悪感から信仰のことばすらもそれと同列と決めつけて排除してしまうことが起こります。

そこに、教会の発する政治的な発言が信仰のことばに徹しきれていない曖昧さと、そのような発言自体を内容の吟味を経ずしてただちに特定のイデオロギー的発言と受けとめてしまう側の偏り、という二つの問題が横たわっていることを痛感します。

そのようななかで、第五項が国家を正しく「対象化」する視点を持ち得た一番の要因は何であったのでしょうか。バルメン宣言起草の中心的な役割を担ったカール・バルトは、後にこの第五項について次のような重要な証言をしています。

「このテーゼは、『聖書はわれわれに語る……』という言葉で始められております。あの時に、国家について語られるべき事柄を、このように語ったことは大変重要でした。というのは、それは自由な考えから語られたのではなく、私たちはこの点について、聖書の示すところに従って、つまり旧新約聖書の証言によって正しい道を示されたのです。その際、聖書という場合、例えばローマ書一三章のような個々の聖書の個所が考えられるのではなく、国家において、その地上的・人間的な対応を持つ神の国、さらに神の王権についての聖書の全証言が考えられたのです。[*40]」

このバルトの指摘の重要性は、十分に受け取られる必要があるでしょう。バルトが指摘するように、第五項は一貫して「聖書は我々に語る」（Die Schrift sagt uns）という姿勢を保ち続けていました。なぜなら、当時のドイツにおいては「第二項の背景にあったのと同じく、国家についてとるべき見解を聖書からではなく、理性から、また歴史から抽象化した神の『創造の秩序』から取り出し、全体主義の国家論であるとか、国家に対してキリスト者や教会は無関心であるべきだという教え、また教会は国家の中に吸収されるべきだという教説が、当時かなり幅広くあった」からでした。[*41]

そのような状況のもと、教会が政治的発言を教会固有の信仰のことばで語るのは、「自由な考えから語られ」るのではなく、どこまでも「聖書の示すところに従って」語られねばならないことばであったからでした。しかもそこで言われる「聖書」とは、第一項で語られた「我々が聞くべき、また我々が生と死において信頼し服従すべき神の唯一の御言葉」であるイエス・キリストのことばであったのです。

3　バルメン宣言第五項とペテロの手紙第一、二章

バルメン宣言第五項の冒頭に掲げられる御言葉は、「神を恐れ、王を敬いなさい」というペテロの手紙第一、二章一七節です。多くの研究者が、この御言葉が掲げられているところに第五項の一つの特色があることを指摘しています。それは、古代教会以来、教会の国家に対する関わりを論じる際に最も重視されたのがローマ人への手紙一三章一節の「人はみな、上に立つ権威に従うべきです。神によらない権威はなく、存在している権威はすべて、神によって立てられているからです」の御言葉だったからです。

しかしこの御言葉は、政治的権威が神によって立てられたものであるがゆえに、ナチ政権と総統ヒトラーに対する絶対的服従を求めるとする当時のドイツ的キリスト者の主張の根拠としてしばしば用いられたという事実がありました。このことから、あえてバルメン宣言はローマ人への手紙一三章を避けて、ペテロの手紙第一、二章を掲げたのだとも考えられていています。

そこでもう一度、先のバルトの証言を振り返ることが有益でしょう。「聖書という場合、例えばローマ書一三章のような個々の聖書の箇所が考えられるのではなく、国家において、その地上的・人間的な対応を持つ神の国、さらに神の王権についての聖書の全証言が考えられた。」

ヨーロッパの歴史を振り返ると、そこに横たわっていた大きな課題の一つは明らかに「教会と国家」の問題でした。コンスタンティヌス帝によるキリスト教公認以来、「中世キリスト教社会」（Corpus Christianum）の時代、宗教改革の時代を経て、三十年戦争を境目に成立していった近代国家の時代においても、いつでも世界の中心には「教会」と「国家」という二つの焦点が存在していました。この二つの権威をめぐって、ヨーロッパの歴史は形づくられてきたと言っても過言ではありません。それらの時代にあって国家の問題を考え、扱う大きな拠り所となったのがローマ人への手紙一三章でした。この聖句を根拠として、国家の権力を神によって定められた「秩序」（Ordnung）と位置づけ、国家権力を絶対化する論理が構築されていったと言われます。

中には、スコットランドのカベナンターのように、キリストの王権の前に国家の権威を正しく相対化していった教会もありましたが、多くの場合は国家権力の神的な権威づけのためにこの聖句が用いられてきたと指摘されます。*42

ペテロの手紙第一、二章の文脈をたどってみると、ここでは国家の持つ政治的権威が重んじられつつも、主なる神という絶対的な権威の前では相対化されていることがはっきりと記されています。そこでは神が王の王、主の主として永遠に治められる「神の国」の存在の前に、地上の国家が過ぎゆくもの、暫定的なものとして終末論的に相対化されているのです。

この点に注意しながら、ペテロの手紙第一、二章の文脈をたどってみましょう。一七節を結論とするパラグラフは、一三、一四節の「人が立てたすべての制度に、主のゆえに従いなさい。それが主権者である王であっても、あるいは、悪を行う者を罰して善を行う者をほめるために、王から遣わされた総督であっても、従いなさい」との御言葉から始まります。ここではまず地上の権威が「人が立てた」制度であるとされ、その制度への服従が「主のゆえに」と規定されます。

ここでは、地上の営みを相対化する視点がすでに確保されていますが、それは何によって可能となるかは、その前の一一、一二節が明らかにしているでしょう。「愛する者たち、私は勧めます。あなたがたは旅人、寄留者なのですから、たましいに戦いを挑む肉の欲を避けなさい。異邦人の中にあって立派にふるまいなさい。そうすれば、彼らがあなたがたを悪人呼ばわりしていても、あなたがたの立派な行いを目にして、神の訪れの日に神をあがめるようになります。」

キリスト者はこの地上にあっては「旅人、寄留者」であり、彼らの人生に対する最終的な評価は、「訪れの日」に下されます。それゆえ、その日を目指して生きるキリスト者の終末論的な生き方において、この地上における倫理的な生き方がここでは教えられているのです。したがって「人が立てたすべての制度に、主のゆえに従いなさい」（一三節）という権威への服従の勧めも、続く一六節の「自由な者として、しかもその自由を悪の言い訳にせず、神のしもべとして従いなさい」というキリスト者の基本的な態度の中に含まれてきます。

その上で、一七節において「すべての人を敬い、兄弟たちを愛し、神を恐れ、王を敬いなさい」と勧められているのです。さらに続く一八節以下ではしもべたち、三章一節以下では妻たち、そして七節以下では夫たちへの教えが続き、しめくくりとして三章八節に「最後に言います。みな、一つ思いになり、同情し合い、兄弟愛を示し、心の優しい人となり、謙虚でありなさい」との教えが語られています。

つまりここでは、王の権威、政治的な権威に対する尊敬と服従が、終末の光の下でこの地上を生きる旅人、寄留者として、あわれみと謙遜をもって兄弟愛を示しつつ生きる中での一つの服従の関係として取り上げられているにすぎません。

しかもその際に見逃してならないのは、「神を恐れ、王を敬いなさい」ということばの順序の持つ決定的な意味です。まず何をおいても第一に神を恐れること、そして、そのもとにあって第二のこととして王を敬うこと。これこそが、決して覆されたり、入れ替わったりすることのない神の定めたもうた地上の権威の立つ位置なのであり、第五項は冒頭にこの御言葉を掲げることによって、キリスト者の国家に対する基本的な態度を明らかにしていると言えるのです。*43

4　終末の光の下にある国家

このように、ペテロの手紙第一の御言葉を掲げたことに込められた、国家を終末論的に相対化するという姿勢は、第五項の本文においていっそう鮮やかに示されていきます。まず第五項の前段の部分を見ていきましょう。

「国家は、教会もその中にあるいまだ救われていないこの世にあって、人間的な洞察と人間的な能力の量りに従って、暴力の威嚇と行使をなしつつ、正義と平和のために配慮するという課題を、神の定めによって与えられているということを、聖書は我々に語る。」

ここでバルメン宣言第五項は、国家が置かれている「時と場」を「教会もその中にあるいまだ救われていないこの世」と表現します。すでに第三項で「教会は……自分がただイエス・キリストの所有であり、ただ彼の慰めと指示によってだけ彼が現れたもうことを期待しつつ生きている」と語られたように、教会は終末を目指す途上にある「旅人、寄留者」の共同体です。それはとりもなおさず、地上においては未完成であり、暫定的な存在であることをも意味していました。

第五項は、この終末論的な視野の中に「国家もまた置かれている」とします。しかも、国家も教会も生きているこの時代が「いまだ救われていないこの世」、すなわち人間の堕落と罪の中にあって神に絶えず背き、自らを神としようとする世であるとして、国家が絶対的な存在とされることに明確な「否」を突きつけているのです。[*44]

確かに第五項は、国家というものが「神の定めによって与えられている」制度であり、地上の国家を「聖書が語る」権威に基づいて認めます。それは「いまだ救われていないこの世にあって、人間的な洞察と人間的な能力の量りに従って、暴力の威嚇と行使をなしつつ、正義と平和のために配慮する」という神が与えてくださった仕組みであり、私たちはこの仕組みのもと、市民的自由と責任を行使しつつ、地上での生を営んでいます。

しかしこのことは、無批判かつ無条件的な国家的権威の承認と服従を意味するものではありません。それはあくまでも天地万物の主なるイエス・キリストのご支配のもとにおける相対的な権威であり、「いまだ救われていないこの世」、終末の完成から見るならば、いまだ不完全な罪の支配のもとにある相対的な権威なのです。そこにおいては、国家の権威は限界性、暫定性、中間性を持つものであることが主張されます。

5　王なるキリストの権威と支配

地上の権威が相対化されるということは、必然的にまことの王なるキリストの主権を告白することにつながっていきます。私たちが地上の権威を相対化することによって、まことの王がだれなのかを指し示すことになるというのです。

第四項で学んだように、宗教改革の教会は、贖い主イエス・キリストを「預言者、祭司、王」の三重の職務を担う方とする信仰を重んじてきました。ウェストミンスター小教理問答の第二六問には、キリストの王権について次のように言い表されています。

問二六　キリストは、どのようにして王職を果たされますか。

答　キリストが王職を果たされるのは、私たちを御自身に従わせ、治め、守ってくださること、また御自身と私たちとのあらゆる敵を抑えて征服してくださることにおいてです。

この王なるキリストの全面的支配を覚えるとき、バルメン宣言第五項はこの主の権威を告白することばとして、第一項、第二項と共鳴することばとなっているのです。

また明示されてはいないものの、第五項を支える御言葉としてヘブル人への手紙一章三節があるといわれます。[*45]「御子は神の栄光の輝き、また神の本質の完全な現れであり、その力あるみことばによって万物を保っておられます。御子は罪のきよめを成し遂げ、いと高き所で、大いなる方の右の座に着かれました。」

いまのこの時代、私たちもあらためてこのキリストの王権を告白することの大切さを覚えます。私たちはこの地上に置かれ、この国に生かされつつも、キリストが神の王として治めたもう神の国の現実の中にすでに生き始めています。そして、やがて御国が完成する時を仰ぎ見つつ、過ぎゆくこの地上の権威のもとにあって生きています。その一方で、終わりの時代に国家は獣化の様相をあらわにしようとしてきています。そのような時代状況の中で、第五項の持つ透徹した眼差しをもって、見るべきものを見つめることが必要なのだと思います。

第七章　バルメン宣言第五項を読む（二）

1　国家に対する神の定め

前章に続いて第五項から、主イエス・キリストの支配する教会と、国家のあり方、そしてその限界について学びたいと思います。

第五項の前段では、国家に与えられた固有の務めが神の「定め」（Anordnung）であるとして次のように記されます。

「国家は、教会もその中にあるいまだ救われていないこの世にあって、人間的な洞察と人間的な能力の量りに従って、暴力の威嚇と行使をなしつつ、正義と平和のために配慮するという課題を、神の定めによって与えられているということを、聖書は我々に語る。教会は、このような神の定めの恩恵を、神に対する感謝と畏敬の中に承認する。」

ここで第五項は、国家が神の定めのもとにあって固有な役割を与えられているという事実を「神の定めの恩恵」であるとし、「神に対する感謝と畏敬の中に承認する」と明言し、そのうえで、国家の果たすべき役割について次のように述べます。「人間的な洞察と人間的な能力の量りに従って、暴力の威嚇と行使をなしつつ、正義と平和のために配慮する……。」

ここには国家の役割として、剣の権能の行使によって正義と平和を維持するという考えが示されていますが、多くの研究者たちがバルメン宣言の「限界」を指摘するところでもあります。なぜなら、そこでは国家の果たすべき役割がもっぱら秩序の維持に限定されているからです。バルトが戦後、第五項のこの部分について「私は単純に、国家は正義と平和のために配慮すべきであると言えません。私はもっとより完全な概念を用いて語りたいのですが、国家は公共の福祉に仕え、正義と平和と自由のために配慮すると言いたいのです」と語ったのも、この問題意識によっていたのでしょう。[*46]

国家に与えられた役割は、人間の福祉のために奉仕し、正義と平和とともに自由のために配慮することにあり、人間を国家の下に服させることではありません。人間を力の行使によって画一化させたり、全体主義的に一人の支配者に服させたりするのではなく、人間を正義と平和と自由のための配慮によって、隣人とともに生きる豊かな生へと導くことに、神が与えられた国家の役割があるのです。

2 「神の定め」をめぐって

国家が「神の定め」のもとにあるという場合、その「定め」が何を意味するかが重要な意味を持ちます。第三項を学んだ際に、バルメン宣言に至るいくつかの草稿について触れましたが、草稿段階で変遷を遂げた重要なものの一つが「定め」という用語でした。この用語の背景には、明らかにローマ人への手紙一三章一、二節の解釈が横たわっています。

前章で触れたように、ヨーロッパ思想史においてこの御言葉は、国家権力を無批判に承認する体制側の意図によって解釈されてきた歴史を持っていました。特にこの時代のドイツにあっては、ナチ国家を神的権威によって秩序づけたものとして用いられていたのです。これに対して、第五項が国家の権威を終末論的に相対化したことはすでに学んだとおりですが、この点を宣言本文に明示するために、「定め」という用語の扱いには特別の関心が払われることになったのでした。

この「定め」という用語の取り扱いの経過を、佐藤司郎先生の緻密な研究に沿って概観しておきましょう。[*47] まず主たる起草者であったバルトを中心に準備された「ボン・テーゼ」と、それをもとにした「フランクフルト合意案」では、「定め」は「Anordnung」という語が使われていました。けれども後にルター派神学者たちによって修正された「ライプツィヒ案」では、これが「Ordnung」に修正され、さらにバルメン会議に提出された最終案では、再び「Anordnung」に戻されるという経緯をたどりました。

この神の「定め」（Anordnung）という語について、研究者たちが重要な指摘をしています。「ここで、『定め』（Anordnung）という概念が十分に考えられて用いられているというのである。というのは、当時、ルター派の多くの神学者によって、国家は神の創造の秩序（Ordnung）に属するものであり、神の啓示の内容（律法としての）でもあるとされ、そこより必然的に、国家権力の過大評価と、政治的隷属性が導き出されていたのである。この第五項は、国家は神の秩序〔Ordnung〕であるとは決して考えていない。どこまでも王的支配の力を持つ神の定め〔Anordnung〕によって、限界づけられた課題を持つ人間の秩序としてとらえられているのである」[*48]（雨宮栄一）。

また、「『王』は、その一定の機能において尊敬されるのであり、国家にたいして正しく関わる用意がなければならない。承認とともに、同時に冷静に距離をおいてみる即事象的な態度が求められている。それは、まさに現実の国家を神の《秩序》〔Ordnung〕として無批判に肯定するのでなく、《神の定め》〔Anordnung〕としてザッハリヒに検証することである」[*49]（宮田光雄）。

つまり第五項においては、国家の権威がキリストの王的支配のもとにあって終末論的に相対化された権威であることを明らかにするために、国家の権威を無批判に神的秩序と結びつける用語として用いられた「Ordnung」に代えて、「Anordnung」の語が用いられたというのです。

３　神の定めのもとにある国家に対する教会の態度

次に中段の文章に進みます。

「教会は、神の国を、また神の戒めと義とを想起せしめ、そのことによって統治者と被治者との責任を想起せしめる。教会は、神がそれによって一切のものを支えたもう御言葉の力に信頼し、服従する。」

終末論的な暫定性の中にあるキリスト者、教会は、バルメン宣言第二項の「他の被造物に対する自由な感謝に満ちた奉仕へと赴く喜ばしい解放」によって、神のもとに立てられた国家とその権威を尊重し、これに対して自由かつ主体的に従って生きます。この場合でも、その服従の根拠は「教会は、神がそれによって一切のものを支えたもう御言葉の力に信頼し、服従する」という御言葉への確信です。

これは言うまでもなく、バルメン宣言第一項が「聖書において我々に証しされているイエス・キリストは、我々が聞くべき、また我々が生と死において信頼し服従すべき神の唯一の御言葉である」と宣言して以来貫かれている確信なのであって、ここに教会の国家に対する基本的な態度が明らかにされていると言えるでしょう。

さらに、第二項において「我々がイエス・キリストのものではなく、他の主のものであるような、我々の生の領域があるとか、我々がイエス・キリストによる義認と聖化を必要としないような領域があるなどという誤った教えを、我々は斥ける」と宣言された主イエス・キリストの被造物世界に対する全面的支配の中に、国家も当然含まれていることがはっきりと言い表されています。

ナチ時代のドイツにあっては、国家の制度や権威は神の創造の秩序に基づくものとして絶対化され、教会もまたそれに服従する臣民たることが要求されていました。実際、教会の側からも「教会の使命は民族と血に仕えることである」というようなことばがまことしやかに語られた時代でした。このような考え方を支えていたのが、宗教改革者ルターの教会と国家についての考え方にあるといわれます。

ルターの考え方は通常「二王国論」と称され、神のこの世に対する支配統治は、霊的領域の統治と世俗的領域の統治とに二分されて、世俗の統治もまた神的な権威を帯びると理解されました。ルター自身は必ずしも霊的領域と世俗の領域と二元論に理解したわけではなく、むしろキリストの全領域にわたる支配の下での統治様式の違いを主張しました。けれども後の時代には、国家は創造の秩序に基づいて立てられた権威ゆえに、教会はこれに干渉しないという風潮を生み出す結果となっていきました。

そのもっとも先鋭的かつ、醜悪なかたちでの現れがヒトラー時代のナチ政権でした。そして、ヒトラー率いるドイツ第三帝国を神的な権威として崇め、これに進んで服従する教会が次々に生まれていったのです。そのようななかで、バルメンの会議に結集した告白教会は、国家もまた終末の光の下では相対的で暫定的な権威にすぎないこと、教会の国家への服従は神の御言葉に照らした枠組みにおいて、という限界を持っていることを明らかにしたのでした。

4 「神の定め」のもとにある教会と国家

以上のような主張を踏まえて、第五項の後段は排斥すべき教えについて次のように語ります。

「国家がその特別の委託をこえて、人間生活の唯一にして全体的な秩序となり、したがって教会の使命をも果たすべきであるとか、そのようなことが可能であるなどというような誤った教えを、我々は斥ける。

教会がその特別の委託をこえて、国家的性格、国家的課題、国家的価値を獲得し、そのことによって自ら国家の一機関となるべきであるとか、そのようなことが可能であるなどというような誤った教えを、我々は斥ける。」

ここでバルメン宣言は、第二項で「我々がイエス・キリストのものではなく、他の主のものであるような、我々の生の領域がある」という誤った教えを「斥ける」と語ったことを引き継ぎながら、主イエス・キリストの被造世界全領域にわたる王的支配の下では教会と国家にそれぞれ固有な領域が備えられ、その領域を超えることへの制約があることが確認されます。国家がその特別の委託を超えて人間生活の唯一にして全体的な秩序になること、また教会がその特別の委託を超えて自ら国家の一機関となることの両者を斥けているのです。

このように、主イエス・キリストがこの世界の主であることを信じ告白するなかに、国家もキリストの支配の下に位置づけられ、教会もキリストを主と信じ告白するゆえに、国家の権威を重んじ、これに服するというのです。

しかしながら、このような国家に対する服従は、国家が正しくその委託と使命を果たすときに成り立つものです。国家がもし仮にその委託と使命とを放棄して暴走を始め、異なる使命に生き始めようとするなら、教会はこれに対して警鐘を鳴らさなければなりません。さらに国家が暴走をやめない場合は、教会はこれに対して明確な「否」の声を発し、抵抗することをしなければならない局面があります。これは、宗教改革の教会が多くの苦難と忍耐を経て思想化した「抵抗権」という思想です。これもまた、今日の教会が自覚的に受け取り直さなければならない重要な事柄といえるでしょう。

5 「教会と国家」を考える視点

最後に「教会と国家」ということを考えるにあたって、バルメン宣言から教えられる視点について学んでおきたいと思います。これはこの一連の学びの中でたびたび申し上げてきた視点、すなわち、バルメン宣言自身が終末論的な視点で、教会と国家のあるべき姿を見据えているということです。

バルメン宣言は第二項において、贖い主イエス・キリストによって「この世の神なき束縛から脱して、彼の被造物に対する自由な感謝に満ちた奉仕へと赴く喜ばしい解放が与えられる」と語っています。そして、終末における神の国の完成の「すでに」の側面を洞察しながら、同時に第五項において、地上の現実が「いまだ救われていないこの世」であるとして、「いまだ」の側面をも認識しています。今日の日本の教会は、まさにこの終末論的な視点において、教会と国家の問題を見つめることが必要なのではないかと痛感させられます。

この点についての一つの実践例として、日本キリスト教会が一九五八年に出した「日本基督教会信仰問答草案」の終末論に関する問答を紹介したいと思います。*50

これは、戦後再出発した日本基督教会が制定を目指して準備したもので、結局、草案のままに終わった「幻」の信仰問答ですが、特に終末論に関する問答には今日においてきわめて示唆に富んだ内容が含まれていると思います。なぜなら、そこでは教会と国家の問題、権威への服従とその限界づけの問題が終末論的な視野の中で論じられているからです。ここでは、その第一四章「終わりの日」の問答の中から一部を紹介しておきます。

問一三　終わりの日を待ち望むキリスト者は、現在どのような生活をすればよいのですか。

答　私たちはキリストが教会の主であるばかりでなく、世界と歴史の主であり給うことを確信し、教会の肢として、福音にふさわしく、愛と奉仕の生活に励むべきです。

問一四　キリストが世界と歴史の主でありたもうならば、キリスト者は現実の国家秩序に対して、どのような態度をとるべきですか。

答　教会とその肢であるキリスト者は、主に対する感謝と畏敬とのうちに、国家の権威に対して服従と奉仕とをすべきです。

問一五　国家の権威に服従する限界は、どこにありますか。

答　現実の国家は、完全には、神の僕になりきることができず、時には、神の敵ともなり得るものですから、私たちの服従は主にある良心と、キリストに対する服従とをさまたげられない範囲内に限ります。それゆえ、私たちは国家のどのような事態に際しても、神の言によって行動する良心の自由を失ってはなりません。また、教会は国家が神の似姿となるように祈り求めなければなりませんが、それとともに、教会は信仰の限界を越えて国家に利用される機関となることを拒否しなければなりません。

問一六　国家の、教会に対する正しい態度はどうあるべきですか。

答　国家は、教会に対して、信仰の自由を保障し、福音の伝道と礼拝の自由を妨げてはなりません。なぜなら、国家の真の基礎は教会にあるからです。

問一七　しかし、国家の非常な場合に、権威が要請するところに従うことなく、自分の良心の自由のみを守ろうとすることは、その秩序の中におかれたものとしての、政治的責任を回避することになりませんか。

答　いいえ、そういうさいに、終わりの日を待望しているキリスト者の、基本的な責任は、来たりつつあるキリストの王国を告げ知らせることです。それゆえ、神の言に基づく良心の自由に従って決断することは、決して責任を回避することではありません。

６「すでに」と「いまだ」の間を生きる

神の国の「すでに」の側面は、御言葉の約束に基づいて私たちにもたらされる「約束」です。これに対して「いまだ」の側面は、地上の現実に基づいて私たちが見据えなければならない「現実」そのものであり、私たちを決して楽観的な生き方に向かわせないほどに暗く困難な姿を示しています。特に国家の問題、あるいは政治的な問題はきわめて「この世の現実」の事柄であって、その前に、時に自らの無力さを痛感し、途方に暮れるような思いに駆られがちです。

しかし「いまだ」という「現実」は、「やがて」という「希望」へと向かっていきます。私たちはこの希望の光の下に地上の現実を見つめながら、「すでに」と「いまだ」の間を、「やがて」の希望を持って歩み続けていくのです。

第八章　バルメン宣言第六項を読む

1　バルメン宣言第六項の基本線

バルメン宣言の最後の条項である第六項を通して、「神のことばの自由」ということについて考えておきたいと思います。

「『見よ、わたしは世の終りまで、いつもあなたがたと共にいるのである』(マタイ二八・二〇)。

『しかし、神の言《ことば》はつながれてはいない』(Ⅱテモテ二・九)。

その中にこそ教会の自由の基礎があるところの教会への委託は、キリストにかわって、したがってキリストご自身の御言葉と御業に、説教とサクラメントによって奉仕しつつ、神の自由な恵みの使信を、すべての人に伝えるということである。

教会が、人間の自立性において、主の御言葉と御業を、自力によって選ばれた何かの願望や目的や計画に奉仕せしめることができるというような誤った教えを、我々は斥ける。」

バルメン宣言の最後をしめくくる第六項は、キリストご自身によって教会にゆだねられた御言葉とサクラメントによる、神の自由なる恵みの使信の伝達、すなわち福音の宣教の使命を再確認するものです。

「この第六項において明らかにされている内容は、一言で表現するならば、教会の自由と委託ということである」[*51]（雨宮栄一）とされ、また「第六テーゼは教会の奉仕と委託とについて扱っている。その場合、教会はキリストの委託にもとづいて、その委託にふさわしく行動するかぎり自由を経験する。この委託は『キリストに代わって』その御言葉と御業に仕えること、キリストの道具となって『神の自由な恵みの使信を、すべての人に伝える』ことにほかならない」[*52]（宮田光雄）と指摘されるとおりで、すでに第三項、第四項の教会論の部分で語られたことの反復でもあります。

けれども第六項が、第四項とともに重要な第五項を挟み込むような仕方で語られることにより、福音宣教の危急なる時代意識が鋭く強調され、国家と教会にゆだねられた各々の固有な務めのうち、教会が本来果たすべき委託された使命を再確認する役割をも果たしていると言えます。

いずれにしても、バルメン宣言がその最後において、教会にゆだねられた福音宣教の使命を語っていることは、実に意義深いことと言わなければなりません。いかなる時代、いかなる状況のもとにあっても、教会のことばのしめくくりとして最もふさわしいことば、最も語られなければならないことば、それは「神の自由な恵みの使信」を声高らかに宣言し、告知することば以外にありません。その意味でバルメン宣言の終わりに第六項が置かれているのは、第一項が「御言葉のみ、キリストのみ」の宣言によって語られ始めたことと対応して、これがまぎれもない教会のことばであることを証ししているのです。

2 バルメン宣言第六項とマタイの福音書二八章、テモテへの手紙第二、二章

バルメン宣言第六項には、マタイの福音書二八章二〇節とテモテへの手紙第二、二章九節の二つの御言葉が掲げられています。

「見よ、わたしは世の終りまで、いつもあなたがたと共にいるのである。」

（マタイ二八・二〇、口語訳）

「しかし、神の言《ことば》はつながれてはいない。」

（Ⅱテモテ二・九、口語訳）

「見よ。わたしは世の終わりまで、いつもあなたがたとともにいます。」

（マタイ二八・二〇、新改訳２０１７）

「しかし、神のことばはつながれていません。」

（Ⅱテモテ二・九、新改訳２０１７）


ここで、この二つの御言葉が掲げられている意図を考えておきたいと思います。まずマタイの福音書二八章二〇節は、復活の主イエス・キリストが昇天前に弟子たちに命じられた有名な大宣教命令のしめくくりのことばです。テモテへの手紙第二、二章九節の御言葉は、使徒パウロが遺言のようにして、愛する弟子のテモテに書き送った手紙で、復活の主イエス・キリストを宣べ伝えるにあたっての確信を言い表したことばです。

バルメン宣言第六項の主題が、教会に対する福音宣教の使命の委託を語っていることは冒頭で確認したとおりです。その内容についてはこの後詳しく見ますが、まず第六項がこの教会の大切な使命を扱う箇所で、あえて宣教命令そのものの御言葉でなく、その後に続く主イエスの約束の聖句を掲げたこと、さらにそれに加えて御言葉自身の自由を語る聖句を掲げていることの意味深さを思います。

私たちに神の自由な恵みの使信を託された主イエスは、その私たちと世の終わりまでいつもともにいるとの約束を与えてくださいました。そして、私たちに託されたこの使信の御言葉は、何によっても繋がれることのない自由なることばであるというのです。これらの御言葉の約束と励ましのもとにあってこそ、初めて第六項は語り出される場を持つことができたのでしょう。

3　教会にゆだねられた使命

そこで次に第六項の前段を読みます。

「その中にこそ教会の自由の基礎があるところの教会への委託は、キリストにかわって、したがってキリストご自身の御言葉と御業に、説教とサクラメントによって奉仕しつつ、神の自由な恵みの使信を、すべての人に伝えるということである。」

ここで語られている一つのことは、教会のかしらなる主イエス・キリストが、ご自身のからだなる教会にゆだねられた使命についてです。主から委託された使命とは、「神の自由な恵みの使信をすべての人に伝えること」であり、その方法は「キリストご自身の御言葉と御業への奉仕」によるとされます。そして、そのために用いられるのは「説教とサクラメント」であるというのです。

このように地上の教会は、御言葉の説教と聖礼典の執行を通してキリストご自身の御言葉と御業に奉仕し、それをもって神の自由な恵みの使信である福音をすべての人に伝えるという宣教の使命に生きるのです。

ここで私たちが覚えたいことは、教会が「神の自由な恵みの使信」である福音の宣教に生きるのは、この世界に対する教会の奉仕の業である以上に、キリストご自身に対する奉仕であるということです。私たちは聖霊の注ぎを受け、福音を携えてこの世に派遣されていきますが、この宣教の業がキリストに対してささげられている奉仕であることを忘れてはなりません。

さらに言えば、そのような私たちのキリストへの奉仕が成り立つのは、実は父なる神が、御子イエス・キリストを通し、聖霊によって私たちに福音の内実である救いの御業を成し遂げてくださったという、父・子・聖霊の三位一体の神の側からの私たちに対する奉仕があったからです。それゆえに私たちも聖霊の力を受けて、御子イエス・キリストの御言葉と御業に奉仕しつつ、父なる神の治められる神の国の前進に参与することができるのだということです。

また、教会の果たす宣教の業は、主イエス・キリストご自身に代わっての、代理としての業であり、さらにそこで福音の中身として差し出されるのは、生けるキリストご自身であるということです。私たちが御言葉を宣べ伝えるとき、そこでは生けるキリストご自身が差し出されているのです。

このキリストのリアリティーを覚えるとき、私たちの宣教にはキリストご自身の魂に対する熱い思いが宿ります。パウロがコリント人への手紙第二、五章二〇節で次のように語っているとおりです。「こういうわけで、神が私たちを通して勧めておられるのですから、私たちはキリストに代わる使節なのです。私たちはキリストに代わって願います。神と和解させていただきなさい。」

さらに、第六項で繰り返される「自由」ということばにも注目しておきたいと思います。すなわち一つは「その中にこそ教会の自由の基礎があるところの教会への委託」、もう一つは「神の自由な恵みの使信」という表現です。

バルメン宣言第六項は、主イエス・キリストの教会が自由であること、その自由の基礎は福音にあること、そして教会はこの自由な恵みの使信を自由に宣べ伝えるものであることを明らかにしています。ここで言う自由とは、法によって保障されている信教の自由、思想信条の自由といったことをはるかに超えた、より本質的で根源的な自由のことです。

教会は福音の自由に立つ存在として、自由なる福音を、いつでも、どこでも、だれにでも宣べ伝えることのできる自由を与えられています。だれによっても、どのような力をもってしてもこの自由を奪ったり、侵したりすることはできません。主イエスご自身が「あなたがたは真理を知り、真理はあなたがたを自由にします」とヨハネの福音書八章三二節で言われたとおり、それは主イエスが下さる自由だからです。

４　教会は何に仕えるのか

さらにバルメン宣言は排斥の部分で次のように宣言します。

「教会が、人間の自立性において、主の御言葉と御業を、自力によって選ばれた何かの願望や目的や計画に奉仕せしめることができるというような誤った教えを、我々は斥ける。」

ここでは、教会が主イエス・キリストご自身から委託された業を、キリストから離れて、人間の自立性において果たそうとすることの誤りが斥けられています。私たちは、主イエスご自身から委託された使命を主から離れて成し遂げるのではありません。この使命は、委託された主なるイエス・キリストご自身の守りと支えの中にあって全うするのであり、いかなる場面においても「見よ。わたしは世の終わりまで、いつもあなたがたとともにいます」という主イエスの御言葉は、私たちにとって真実なお約束として鳴り響いているのです。

バルメン宣言が出された一九三〇年代のドイツの多くの教会は、この主からの委託に応答して生きることをやめてしまいました。しかもそれはドイツだけの話ではなく、同じ時代の日本の教会についても言えることです。そこでは初めから敗北があったわけではありませんが、しかし「いつも、ともにいる」主のお約束を信じきることができなくなったとき、教会は主からの委託を放棄することになっていきました。

そんななかで、バルメンに結集した告白教会の一団は、主から託された教会の使命にどこまでも単純に、誠実に従っていこうとする群れでした。彼らの闘いを支えたのは「いつも、ともに」おられる主イエス・キリストのお約束であったに違いありません。バルメンの闘いは、根本的に言って政治的な闘いではなく、主の委託に応えるための教会的な闘いであり、まさしく信仰告白的な闘いでした。

これまで学んできたように、バルメン宣言には特別に直接的な政治的発言や主張は見受けられません。あるのはただ、教会がまことの教会であるためのきわめて当たり前の基本的なことばだけです。しかし、その当たり前のことばを語ることが重い意味を持った時代のなかで、主の委託に応答しつつこれらのことばを語りきることができたのは、ただひたすらに「いつも、ともに」ありたもう主なる神の約束の確かさと、その確かさに対する信頼のゆえにほかならないのです。

私たちが生かされているこの時代も、教会がその委託に応えて生きるには決してやさしい時代ではありません。しかしそのようなときこそ、私たちは、あの主の弟子たちとともに、そしてバルメンに結集した兄弟姉妹たちとともに、時代を超え、場所を越えてなお確かに鳴り響く、主イエスの約束の御声に聞き続ける者でありたいと願います。

「見よ。わたしは世の終わりまで、いつもあなたがたとともにいます。」

5　神の御言葉はつながれてはいない

ここであらためて、第六項が掲げるテモテへの手紙第二の御言葉に目を留めておきたいと思います。

「この福音のために私は苦しみを受け、犯罪者のようにつながれています。しかし、神のことばはつながれていません。」（二・九）

獄中にある老使徒パウロは、最愛の弟子であった若き伝道者テモテに対して、まず二章一節では、「私の子よ、キリスト・イエスにある恵みによって強くなりなさい」と呼びかけ、三節では「キリスト・イエスの立派な兵士として、私と苦しみをともにしてください」と語りかけ、八節では「イエス・キリストのことを心に留めていなさい。私が伝える福音によれば、この方は、ダビデの子孫として生まれ、死者の中からよみがえった方です」と語っています。キリストに従うゆえの苦難の中で、「私たちが真実でなくても、キリストは常に真実である」（一三節）と語られる主イエス・キリストに従って歩むように励ましながら、その励ましの根拠として神のことばの自由が高らかに語られています。

ブルーダーの『嵐の中の教会――ヒトラーと戦った教会の物語』（新教出版社）でも、グルント牧師がこの御言葉から説教する感動的なくだりがあります。

「牧師はこんな話をしました。既に使徒たちを迫害し・獄につないで、福音を宣べ伝えることを妨げようとした者があった。さらにその後のあらゆる時代にも、福音の敵は、キリストの福音の使者を桎梏《しっこく》のもとにつなげば、キリスト自身も沈黙するに違いないと、いつも信じていたのである。しかし、神の言葉は繋がれたことがないのだ。み言葉とその宣教を誰かが束縛した時にこそまさに、み言葉はより高い調子で、またより明瞭に語りかけるのである。リンデンコップ村の教会もまた、小さい群れではあるけれども、実に単純な信仰をもった人々がいる。そういう人々は、そのキリストに対する信仰を一歩たりとも譲ろうとはしないのである。山の上にある町、あるいは村は隠れることができないというあの聖書の言葉がドイツにおいて成就する時が、今や間近に迫っているのだと、私は思う。そう話した後で、牧師はさらにこう続けました。『もっともっと困難な時代になって、あなたがたが、もう何もかも駄目になってしまった、というふうに考えることがあっても、どうか皆さん、神の言葉は繋がれてはいないということを想い起こし、またそのことに固着していただきたい。神の言葉は人間の束縛を受けることもないのです。私はこういうことがないことを望みますけれども、もし私たちのうちで最後まで抵抗する者が誰一人としてなかったとしても、神の言葉は私たちに左右されることはありません。神の言葉はみずからその進む道を定めて、永遠に残るのです。なぜなら、それは神、の言葉であるからです。*53』」

私たちがこの人生を生きていくなかでも、もはやこれまでと思えるような極限的な状況、ぎりぎりの限界の場面に直面することがあるでしょう。仕事の上で、家庭生活の中で、自分自身の肉体の健康や経済の問題、そして、まことに憂うべきいまの日本の政治や社会の状況。主の御心はいったいどこにあるのかと訴えたくなりますし、キリスト者のあまりに小さく無力な存在である現実をいやというほど突きつけられます。

これが限界、これ以上先に進むことはできないというような状況のただ中に立たされるとき、しかしただ一つだけ、そのような状況を突破するものがある。それが神の御言葉なのです。神のことばの自由さを、私たちはしっかりと受け取っておきたいと思うのです。

６　信仰、愛、希望

バルメン宣言の結びのことばを読んでおきましょう。この宣言は全六項目を結ぶにあたり、次の一句をもってしめくくっています。

「ドイツ福音主義教会の告白会議は、以上のような諸真理を承認し、以上のような諸誤謬を斥けることが、告白教会の同盟としてのドイツ福音主義教会の不可欠な神学的基礎と考える、ということを宣言する。この告白会議は、その宣言に賛同し得るすべての人々に対して、彼らが教会政治的決断を行う際に、この神学的認識を記憶するように要求する。また関わりあるすべての人々が、信仰と愛と希望の一致の中へと帰り来るようにとこいねがう。

『神の御言葉は永遠に保つなり。』（verbum Dei manet aeternum.）」

ここでは、告白教会に結集したドイツ諸領邦にまたがる歴史的伝統、教派的伝統を異にする諸教会が、何によって一つに結び合わされているのかが明らかにされています。つまり、この会議に集まった諸教会は何らかの政治的主張や要求項目、利害の一致によってではなく、この宣言で告白された六つの「信ずべきこと」と「斥けるべきこと」とを「ドイツ福音主義教会の不可欠な神学的基礎」として承認し、共有し、告白している群れであるということです。

教会はしばしば「信仰の共同体」、「聖餐の共同体」と呼ばれ、ことにバルメン宣言第三項においては「兄弟たちの共同体」と呼ばれます。そのような「共同体」を形づくる基礎が「信仰告白」です。それで教会はその本質において、「告白共同体」であると言わなければなりません。

教会は神の語りかけに応答し、それに即して、信じていることを言い表し、宣べ伝える使命が与えられています。時には自らの態度を明確に表明しなければならない「政治的決断」に至ることもあるのです。そのときにも、教会はその時代の雰囲気、同調圧力、権力者へのおもねりなどによってでなく、どこまでも神の御言葉に聴き従い、教えられ、それに応答して、自分たちの確信を明らかにしていくことになる。その際の決断の基準として、「信仰告白」というものがあるのです。

もちろん、ことばとして定式化された「信仰告白」を持ってさえいれば十分ということではないでしょう。そこには「信仰を告白する」という生きた信仰の営みがあるのであって、第一項から第六項において言い表してきたこと、斥けてきたことが、現実の教会の歩みの中で生きられてこそ、教会は信仰共同体としての姿を現すことができるのです。

また、バルメン宣言は「また関わりあるすべての人々が、信仰と愛と希望の一致の中へと帰り来るようにとこいねがう」と記します。聖書箇所は明示されないものの、コリント人への手紙第一、一三章一三節の「こういうわけで、いつまでも残るのは信仰と希望と愛、これら三つです。その中で一番すぐれているのは愛です」が念頭に置かれていることは明らかです。

そこで注意したいのは、バルメン宣言が「信仰と愛と希望」として、一三節の「信仰と希望と愛」と語順を入れ替えている点です。ここでは、あえて「希望」というものの価値が強調されていると言えるのではないでしょうか。特にバルメンの会議に結集した諸教会にとって、いまださまざまな弱さや誤謬の中にある教会が本来のキリストの教会の姿に立ち帰り来るためには、なんといっても「信仰と愛と希望の一致」とりわけ「希望」の価値が重要であったのでしょう。

バルメンの第一回告白教会会議が開かれる四か月前の一九三四年一月四日、同じくバルメン・ゲマルケ教会において、ドイツ国内の百六十七の改革派教会から牧師と長老が集まり、「改革派教会自由教会会議」という集まりが開かれ、『現代のドイツ福音主義教会における宗教改革者的信仰告白の正しい理解に関する宣言』が採択されました。これはしばしば『第一バルメン宣言』と呼ばれ、後のバルメン宣言に大きな影響を与えたものです。ここでの「教会の使信」という章に、次のように記されています。

「聖霊によりイエス・キリストにおいて基礎づけられ、また、かれによって日々新たにされるわたしたちの命は、信仰と服従において、来たるべき主による贖いを待ち望み、死者の復活において、審きをとおして永遠の命にいたる。したがって、同時にここで退けられるべきことは、信仰と服従に生きることは、何らかの洞察により自ら完結し、また充足した生であり、来るべき主への待望、主への望み、主を恐れることと無関係な生であるという見解である。[*54]」

ここにあるように、私たちの信仰と服従の歩みを支えるのは、「来たるべき主による贖い」であり、「死者の復活」であり、「永遠のいのち」であり、これらをもたらしたもう「来たるべき主への希望、主への望み」なのです。

たとえ時代の空気がどれほど暗さを増し、困難が押し迫り、教会の行くべき道が険しくなり、告白共同体としての歩みがおぼつかなくなるような時であっても、教会はいつでも主イエスにある「信仰と愛と希望」の中へと招かれており、しかもそれは主なる希望、主への望みによって支えられ、やがて全うされるものなのです。

　私たちの欠け、弱さ、愚かさ、罪深さにもかかわらず、教会のかしら、救いの完成、神の国の王の王なる主イエス・キリストにおいて、すべては全うされる。この終わりの希望に支えられながら、信仰を働かせ、愛を生かし、希望によって進む私たちでありたいと願います。

7　神の御言葉は永遠に保つなり

バルメン宣言の末尾にある、「神の御言葉は永遠に保つなり」（Verbum Dei manet aeternum）は、イザヤ書四〇章六～八節の御言葉と共鳴することばです。

「人はみな草のよう。その栄えはみな野の花のようだ。主の息吹がその上に吹くと、草はしおれ、花は散る。まことに民は草だ。草はしおれ、花は散る。しかし、私たちの神のことばは永遠に立つ。」

ここで「保つなり」と訳されるラテン語の「maneo」には、「とどまる」、「保つ」、「存続する」という意味があります。新改訳や新共同訳は「立つ」と訳しますが、口語訳は「変わることはない」と訳しています。英語の聖書でも「stand」と訳すものもあれば、「我慢する」、「持ちこたえる」「持続する」を意味する「endure」と訳すものもあります。いずれにしても、「立つ」が「永遠に」と結び合うことによって、とこしえに倒れることなく立ち続けるという確かさが示されていると言えるでしょう。

預言者イザヤの生きた時代は、北イスラエル王国が大国アッシリアによって滅ぼされ、さらにその脅威が南ユダ王国にまでおよぶという、いわば国家存亡に関わる危機の時代でした。時の王や為政者たちは、この危機を回避しようとさまざまな策を講じます。アッシリアに対抗すべく軍事力の増大化をはかったり、他の周辺諸国と連合を組んで対抗しようと試みたり、南のエジプトに接近したり、政治力、外交力、軍事力によってこの局面を切り抜けようとしたのです。

しかし、預言者の主張は一貫していました。いまイスラエルがこのような危機に直面している本当の理由、すなわち主なる神を神とする根本的な姿勢を回復しないかぎり、どれほど現実的な策を講じても真の解決はないのです。

私たちの社会は、現在、法の支配が揺らいでいます。為政者を縛るはずの憲法を、その為政者たちが自分たちの都合の良いように変えてしまう。そればかりでなく、緊急事態には、憲法さえ超えることのできる権限を政府に集めようとする。まさにナチ時代の授権法の再来であり、それは法の支配の崩壊、主権者である国民が為政者を縛る立憲主義の崩壊にも繋がる危機的な状況です。

為政者たちの中にあるのは、「法よりも現実だ」という姿勢です。現実に日本を取り巻く安全保障上の環境が変化しているのだから、それに対応するのは当然といって、法の手続きを飛び越えていくのです。そして国民の中にも「確かに現実がこうなのだから仕方ない」という反応が起こる。こういう風潮は非常に危険なことです。もちろん法は絶対ではありませんから、その時々の状況によって変わることはあり得ます。しかし、それにはそれ相当の慎重な議論と手続きが必要なはずで、それらがすべてなし崩しにされ、飛び越えられてしまう。すべては「現実」という一言によってです。

バルメン宣言の闘いは、まさにそのような「現実」に対する闘いであり、私たちがいま、この御言葉に聴き、バルメン宣言に学ぶのもまさに、このような「現実」の状況に対して、「神の御言葉は永遠に保つなり」と宣言するためにほかなりません。

神の御言葉は永遠に保つ。それこそがいつの時代にあっても、どんな困難な状況下にあっても、教会がよって立つことのできる確かな足場でした。状況の中で聞くことばは、しかしそのことばを生ぜしめるものが神の御言葉であるがゆえに、状況の中にありつつ、しかし状況に左右されない真理として、状況を越えていく大きな力を持つものです。

国家の一大事と人々がうろたえ、浮き足立ち、軍事的な力や政治的な力によって生き抜こうと躍起になるなかで、しかし主なる神は、そのような世界を透徹した眼差しで見つめ、それらの過ぎゆくべきものであることを見極めて事柄を相対化し、そのなかで変わらないもの、絶対のもの、永遠のものにこそ目を留めるようにと、私たちを促しておられるのです。

状況の中に生きつつ、しかしその状況を過ぎゆくものとして見つめ、状況を覆し、それを突破する永遠の御言葉にのみ聞き従い、力ある福音に生きていくこと。これが、私たちがイザヤ書の御言葉から聞きとり、またバルメン宣言から学び取りたい、ただ一つのことなのです。

すべてのものが揺れ動き、過ぎゆくなかで、ただ一つ変わることなく確かなものに、私たちはその土台を据えて生きる者でありたいと願います。「神の御言葉は永遠に保つ」のですから。

第九章　バルメン宣言と戦後ドイツの罪責告白

1　戦後ドイツの罪責告白

私たちはこれまで、バルメン宣言を通して告白に生きる教会の一つの証しを学んできました。バルメン宣言が告白された一九三四年五月から、一九四五年五月、ドイツをはじめとする枢軸国の敗戦をもって第二次世界大戦終結に至る経緯は、複雑かつ多様なものであり、告白教会の闘いもまた、一方的に美化することのできない、さまざまな対立や分裂という負の側面を持ち合わせていたことは事実です。

今回の一連の学びでは、ドイツ告白教会闘争のその後の展開、特に一九四〇年代になってからの分裂や衰退をも踏まえた全体的な考察をするには至りませんでしたが、ここではバルメン宣言が提起した事柄に対する応答として、戦後ドイツの罪責告白の問題を取り上げ、私たち日本の教会の問題を考えてみたいと思います。

2　シュトウットガルト罪責告白

第二次大戦に敗れ、再建に取りかかったドイツ福音主義教会が、戦後いち早く取り組んだ働きの一つに罪責の告白がありました。今回取り上げるのは、その代表的な二つの告白、すなわち、「シュトゥットガルト罪責告白（Stuttgarter Schuldbekenntnis）」と「ダルムシュタット宣言（Darmstädter Wort）」です。まず、シュトゥットガルト罪責告白を見ておくことにします。

①シュトゥットガルト罪責告白の成立

敗戦後のドイツでは、大戦末期の混乱の中で四分五裂の状態に陥っていたドイツ福音主義教会の再建を目指す動きが活発となっており、それと同時に、断絶状態に陥っていた欧米の諸教会との交わりを回復することが急務の課題でした。そのために、まずドイツの教会が果たさなければならない務めとして、自らの罪責の告白がありました。これはドイツの教会内部から生起してきた声であるとともに、大戦中ドイツを追われてスイスに戻っていたカール・バルト、また世界教会協議会からの働きかけでもありました。

こうしたなかで、敗戦からわずか半年後の一九四五年十月十八、十九日にドイツ福音主義教会の常議員会がシュトゥットガルトにおいて開催されました。その席に世界教会協議会から派遣された代表団が加わり、その席上で罪責告白の作成と発表の合意が確認され、翌十九日の朝、ハンス・アスムッセンによって完成した告白文が読み上げられたのでした。

②罪責告白の本文

告白文は会議に参加していたオットー・ディベリウスとハンス・アスムッセンがそれぞれ準備した二つの草案を基に、参加者の討議を経てまとめられました。以下に告白本文を記しておきます。*55

「ドイツ福音主義教会常議員会はシュトゥットガルトにおいて一九四五年十月十八日に開催された会議にさいし、世界教会協議会の代表者に対して、挨拶を送るものである。

われわれは、わが国民と共に、苦しみの大いなる共同体のうちにあるのみならず、罪責の連帯性の中にあることを知ればこそ、なおさらこの訪問を感謝する。われわれは大いなる痛みをもって次のように言う。われわれによって、はてしもない苦しみが多くの国民と国とにもたらされた。われわれがしばしば教会に向かって証ししたことを、われわれは今全教会の名において語る。なるほどわれわれはナチの権力支配のなかにそのおそるべき姿をあらわした霊に抗し、長い年月を通して戦ってきた。しかしながら、われわれは自らを告発する。われわれがもっと大胆に告白しなかったことを、もっと忠実に祈らなかったことを、もっと喜んで信じなかったことを、そして、もっと燃えるような思いをもって愛さなかったことを。

今こそわれわれの教会のうちに、新しい出発がなされなければならない。聖書に根ざし、全き真実をもって教会の唯一の主に導かれながら、教会は信仰と無縁なものの影響から身を清め、自らの姿勢を正すことからまず始める。われわれは恵みと憐れみの神に、われわれの教会を神が道具として用いたまい、またみ言葉を宣べ伝える全権と、われわれ自身ならびに全国民の間にみ旨に対する従順を造り出す全権とを神が教会に与えたまわんことをこい願う。

われわれがこの新しい出発にあたり、全世界的な交わりのうちにある他の諸教会と心からのつながりを持っているのを知ることが許されているということは、われわれを溢れるような深い喜びでみたす。

われわれは神に願う。諸教会の共同の奉仕を通して、今日新たに力を得ようとしている力と報復の精神が全世界において抑止され、苦しみ悩む人間がそこにおいてのみ癒しを見出しうるところの、平和と愛の精神が支配する日が到来するように。

そこでわれわれは、全世界が一つの新しい始めを必要としている時にこそ、『来たりたまえ、造り主なる御霊よ』と祈るものである。」

③罪責告白の意義と限界

罪責告白本文は全体で三部構成になっています。まず冒頭では、教会がドイツ国民との苦難の連帯の中に自らを置き、そのなかでナチの悪魔的な支配に対して十分な信仰的抵抗をなし得なかったことが告白されます。

次に、教会のうちに新しい出発がなされなければならないとし、教会の再建は信仰のみ、恵みのみ、御言葉のみからこそ始められることを言い表します。

そして最後には、人間的な報復の精神が抑止され、愛と平和の精神が支配することを神に願い、古代以来の祈りである「来たりたまえ、造り主なる御霊よ」（veni Spiritus Creator）でしめくくられます。

私たちがこの罪責告白の意義としてまず覚えたいのは、何といってもこの告白が出された時期の「早さ」でしょう。内容については、この後指摘されるようないくつかの弱点はもちろんあります。しかし、いかなる弱さがあったとしても「罪責告白」という文書の性格に照らすとき、少なくとも教会が沈黙せず、すべてがあたかもなかったかのように方針転換することをせず、自らの口を開いて告白したという意義はいささかも減じられるものではないはずです。その点で、終戦のわずか五か月後に、この文書が教会の公的な告白として発せられたことの意義を覚えたいと思うのです。

その一方で、今日多くの神学者、歴史家が指摘するように、この罪責告白の中に看過し得ない限界性、問題性が内包されていることも事実です。多くの研究者が指摘するこの告白の最大の限界は、「この『シュトゥットガルト罪責告白』には、あのようなユダヤ人迫害および虐殺を明示する文言は不思議なことに一つも存在していない」という点でした。[*56]

さらに、より根本的な点として、はたしてこの罪責告白が真の意味での「罪責」告白となっているかが問われなければならないでしょう。すなわち、この本文のどこに、具体的に教会の自らの罪責に対する告白が言い表されているかということが問われているのです。

罪責告白のもっとも有名な部分は次のくだりです。

「われわれは自らを告発する。われわれがもっと大胆に告白しなかったことを、もっと忠実に祈らなかったことを、もっと喜んで信じなかったことを、そして、もっと燃えるような思いをもって愛さなかったことを。」

この部分には、自らに対する告発という仕方で罪責が言い表されています。しかしながら、このくだりの前にある「われわれはナチの権力支配のなかにそのおそるべき姿をあらわした霊に抗し、長い年月を通して戦ってきた」と続けて読むときに、外側の人々に対しては自らをもナチ支配の被害者の側に置きつつ、しかしそこで精いっぱいの抵抗を果たした者としての自己正当化が起こっているのではないか、との問いが発せられます。次のように指摘されるとおりです。

「たしかに、教会はナチ支配下の組織として例外的に《均制化》され尽くされなかった限りでは、抵抗したと言うべきであろう。しかし、教会が数多くの政治的な妥協や順応、さらに誤りを犯したことも否定しえない。比較級とアンティテーゼを用いた構文は、ここでは、あたかも段階的な罪責の区別が問題であるかのような印象をあたえる。しかし、そもそも罪責告白においては、比較級という文体は、ふさわしい表現と言えるだろうか。[*57]」

この告白の中で、ほとんど唯一といってよいほど明確に教会自らの罪責を語るのは、「われわれによって、はてしもない苦しみが多くの国民と国とにもたらされた」の一文です。これは、草案検討段階で出席者の一人であったマルティン・ニーメラーの強い要請によって加えられたものと言われます。この罪責告白において最も強く教会の罪を自覚した一人であったニーメラーは、シュトゥットガルトの会議に先立つ一九四五年八月末に、ヘッセンのトライザで開かれた告白教会の指導者会議において、次のような重要な演説をしています。

「われわれの今日の状況は、第一には、わが国民の罪責によるものでもナチスの罪責によるものでもない。彼らは、自分では知ることのなかった道を歩むべきではなかったのだ。彼らは、じっさい、単純に自分たちが正しい途上にあると信じていたのだ。否！　本来の罪責は教会にある。なぜなら、教会のみが知っていたのだから。とられている道が破滅に通じていたことを。しかし、教会は、わが国民に警告しなかった。生じた不正を摘発することもなかったし、それをしたとしても、それが余りに手遅れになってからだった。そして、ここに告白教会は特に大きな罪責をもっている。なぜなら、告白教会は、何が行なわれ何が生じつつあるかを、もっとも明瞭に見ていたのだから。たしかに、告白教会は、それにたいして発言はした。しかし、それ以後、疲れ切ってしまった。生ける神を恐れるよりも以上に人間を恐れていたのだ。……教会こそは、わが胸を打ち叩き、私の罪、私の罪、私の途方もない罪を告白しなければならないのだ。[*58]」

このように教会の罪責告白は、決して罪自体も罪を犯した者自身をも一般化させることを許しません。もし罪を個別的に明確化することなく、また罪を犯した者を抽象化させ、曖昧にするならば、そこには密かな仕方で自己正当化、自己弁明の誘惑が入り込んでくることを、この告白は私たちに教えているように思います。

3　ダルムシュタット宣言

次に取り上げるのは「ダルムシュタット宣言（Darmstädter Wort）」です。ハインツ・E・テートはシュトゥットガルト罪責告白以降、教会の中に二つの道が生じたとして、次のように指摘します。

「教会中道派や告白戦線の妥協派で国民教会的遺産を継承する人びとは、シュトゥットガルト罪責宣言以後、この問題をもはや中心的なテーマとはしなかった。……以上にたいするオールタナティブ、すなわち、ドイツ人の進むべき道について明確な神学的考察は、一九四七年八月八日の、いわゆるダルムシュタット宣言、すなわち『わが国民の政治的進路のためのドイツ福音主義教会の兄弟評議員会の宣言』に最もよく示されている。[*59]」

こうしてシュトゥットガルト罪責告白の路線をより深化させ、徹底化させたのがダルムシュタット宣言であるといわれます。

①ダルムシュタット宣言の成立

戦後、正式にドイツ福音主義教会が発足するまでの間、福音主義教会の霊的なリーダーシップをとったのは先の常議員会と、大戦中に組織された告白教会の「兄弟評議員会」でした。この評議員会が、一九四七年八月七日から八日にかけて開いた会議において採択されたのが、後に「あの一九三四年の有名なバルメン宣言に匹敵する文書」と言われる「わが国民の政治的進路のためのドイツ福音主義教会の兄弟評議員会の宣言」、すなわち「ダルムシュタット宣言」でした。

この宣言作成の中心となったのは、マルティン・ニーメラー、カール・バルト、そしてハンス・ヨアヒム・イーヴァントでした。特に草稿段階から中心的な役割を果たしたのはイーヴァントです。彼は一九四七年七月の評議員会の席上、戦後のドイツが再び狭《きょう》隘《あい》なナショナリズムの中に取り込まれていく危険を見通し、告白教会として一つの政治的な路線の表明が必要であると主張しました。

これに賛同したバルトが会議の席上、イーヴァントに「われわれの政治状況、すなわち、キリスト者の不可避的な政治的決断にむけて」の告白文の作成を依頼し、それに応えてイーヴァントが書き上げた草稿が、後の宣言に大きく影響を与えるものとなったといわれます。*60

②宣言の本文

この宣言は全部で七項目からなっており、全体的に先のシュトゥットガルト罪責告白の曖昧さが一掃され、きわめて厳密な罪の事実の提示に基づくものとなっているばかりでなく、明確にバルメン宣言との連続性をも意識した内容となっています。以下に本文を記します。*61

第一項

われわれには、キリストにおいて世界が神と和解されたという言葉が語られている。この言葉を、われわれは聞き・受け入れ・実行し・伝えなければならない。もしわれわれが、自らのすべての罪責、つまり父祖たちとわれわれ自身の罪責から解き放たれておらず、われわれがドイツ人としてわれわれの政治的意図・行動において過ちに踏み込んでしまったすべての誤った悪しき道から、良い羊飼いであるイエス・キリストによって呼び戻されていないとするならば、この言葉は聞かれておらず、受け入れられておらず、行なわれても伝えられてもいないことになるのである。

第二項

われわれは、あたかも世界はドイツ的本質にふれることによっていやされるかのように、特別にドイツには使命があるなどという夢を見始めた時、過ちに踏み込んでしまった。そのことによってわれわれは、政治的権力の無制限の使用に対して道を備え、われわれの民族を神の御座の上に置いた。われわれは自分たちの国家を内に対してはただ強い政府の上に、外に対してはただ軍事的な力の展開の上に基礎づけ始めたが、これは致命的に誤っていた。そのことによってわれわれは、われわれドイツ人に与えられている賜物をもって、諸国民の共通の課題に仕えつつ協力するという召しを否定してしまったのである。

第三項

われわれは、人間の社会的生活の中で不可避的になってきた新しい秩序に対して、「キリスト教的戦線」なるものを結成し始めた時、過ちに踏み込んでしまった。古い・在来のものを維持する保守勢力と教会の同盟は、われわれに対するきびしい報復となって返ってきた。われわれは、人間の共同生活がそのような変革を求めているところで、生活の諸様式を変えることをわれわれに許しかつ命ずる、キリスト教的自由を売り渡してしまった。われわれは革命への権利は否定したのに、絶対的独裁制への発展は許容し、歓迎したのである。

第四項

われわれは、政治的な生活の中で、政治的手段によって、悪しき者たちに対する善き者たちの、暗黒に対する光の、義しからざる者たちに対する義しき者たちの戦線なるものを結成しなければならないと考えた時、過ちに踏み込んでしまった。それと共にわれわれは、政治的・社会的・世界観的な統一戦線の結成によって、すべての人に対する神の恵みの自由な提供を変造し、世界をその自己義認にゆだねてしまったのである。

第五項

われわれは、マルクス主義的教説の経済学的な唯物主義が、この世における人間の生活と共同生活のために与えられている教会の委託や約束を果たすように、教会に注意を促さなければならなかったのだということを見過ごした時、過ちに踏み込んでしまった。われわれは、来たるべき神の国の福音にふさわしく、貧しい人々や権利を奪われた人々の事柄を、キリスト教会の事柄とすることをなおざりにしたのである。

第六項

われわれが以上のことを認めて告白する時、われわれは自分たちがイエス・キリストの教会として、神の栄光と人間の永遠的また時間的な救いのために、新しく、そしてより良く奉仕するべく自由にされていることを知るのである。キリスト教と西洋文明といったスローガンではなく、イエス・キリストの死と復活の力によって神のもとへと立ち戻り、隣人のところに赴くことこそが、わが国民に、またわが国民の只中で、とくにわれわれキリスト者に、必要なのである。

第七項

われわれは「イエス・キリストによってわれわれには、この世の神なき束縛から脱して、彼の被造物に対する自由な感謝にみちた奉仕へと赴く喜ばしい解放が与えられる」（バルメン宣言第二項）と告白した。そして、今日新しくそれを告白する。それゆえにわれわれは切に訴える。絶望をあなたがたの主たらしめるな。なぜなら、キリストが主なのであるから。すべての不信仰な無関心に別れを告げよ。昔はもっと良かったといったたぐいの夢想や、来たるべき戦争の思惑などに惑わされず、この自由において、また大いなる冷静さをもって、われわれのすべて、われわれの各自が、正義と福祉と国内の平和と諸国民の和解に仕える、より良きドイツの国家機構の建設のために負っている責任を自覚せよ。

③宣言の意義と限界

武田武長先生は、この宣言が全体としてバルメン宣言第二項の神学的認識に対応しているとして次のように指摘します。

「『ダルムシュタット宣言』第一項は、『バルメン宣言』第二項『イエス・キリストは、われわれのすべての罪の赦しについての神の呼びかけであると同様に、またそれと同じ厳粛さをもって、彼はわれわれの全生活に対する神の力ある要求でもある』の解釈である。『キリストにおいて世界が神と和解されたという言葉が語られている』ことによって、『それと同じ厳粛さをもって』そのキリストにおける和解の現実に対応しようとしなかった教会の『罪責』が『ダルムシュタット宣言』第二項、第三項、第四項、第五項で、歴史的・具体的に告白されるのである。[*62]」

このように宣言は和解の務めを放棄した教会の罪に焦点を当て、繰り返し「我々は、過ちに踏み込んでしまった」と明確に自己の罪を言い表しているのです。

さらに具体的に見ていくと、宣言は第一項において「自らのすべての罪責、つまり父祖たちとわれわれ自身の罪責」と述べて、罪をドイツの歴史の中での父祖たちの罪との連帯においてとらえています。つまり、ナチの悪魔的支配が決して偶発的な事故でなく、ドイツの歴史の中に長い歴史をかけて醸成されてきた歴史観、世界観の生み出した必然的な帰結であったことを鋭く指摘します。

続いてドイツの政治的誤謬として、まず第二項で「特別にドイツには使命があるなどという夢を見始めた」というナショナリズムに変質させられたキリスト教的伝統を挙げています。

次に第三項で「古い・在来のものを維持する保守勢力と教会の同盟」を結んだ結果、キリスト教的自由を失い、民族的な保守的価値観の中に埋没していったことを示します。

さらに第四項で「悪しき者たちに対する善き者たちの、暗黒に対する光の、義しからざる者たちに対する義しき者たちの戦線なるものを結成しなければならない」という二元論世界観に与《くみ》するものとなったことを明らかにします。

ついで第五項では、「マルクス主義的教説の経済学的な唯物主義が、この世における人間の生活と共同生活のために与えられている教会の委託や約束を果たすように、教会に注意を促さなければならなかったのだということを見過ごし」た結果、「来るべき神の国の福音にふさわしく、貧しい人々や権利を奪われた人々の事柄を、キリスト教会の事柄とすることをなおざりにした」と言っているのです。

以上のように、この宣言はバルメン宣言の路線に立ちつつ、シュトゥットガルト罪責告白の内容をより厳密化、徹底化させたものとして、いまなお大きな意義を持ち続けています。

にもかかわらず、この宣言においても限界として指摘されるのが、先の罪責告白と同様、ユダヤ人問題に対する沈黙の姿勢でした。しかしこれについても、戦後ドイツの教会はユダヤ人問題に真摯に取り組み続け、一九五〇年四月には「ユダヤ人問題に対する言葉」を発表し、「わが国民に所属する人々によってユダヤ人に加えられた悪事に対して、われわれは無為と沈黙によって共に罪を負っている」と言い表しました。

さらに一九六一年七月には、「ユダヤ人とキリスト者」という声明文を発表して、ユダヤ人迫害の主要な原因として、長くヨーロッパのキリスト教世界にはびこる反ユダヤ主義があることを認めています。さらにその後も地道な研究を続け、ついに一九八〇年一月、「キリスト者とユダヤ人の関係の更新のために」という教会の公的な宣言文を採択するに至ったのでした。*63

4　罪責の連帯性について

戦後四十年を迎えた一九八五年、ドイツのヴァイツゼッカー大統領は「荒れ野の四十年」として知られる演説の中で次のように語りました。

「罪の有無、老幼いずれを問わず、われわれ全員が過去を引き受けねばなりません。全員が過去からの帰結に関り合っており、過去に対する責任を負わされているのであります。

心に刻み《ニアインネルン》つづけることがなぜかくも重要であるかを理解するため、老幼たがいに助け合わねばなりません。また助け合えるのであります。問題は過去を克服することではありません。さようなことができるわけはありません。後になって過去を変えたり、起こらなかったことにするわけにはまいりません。しかし過去に目を閉ざす者は結局のところ現在にも盲目となります。非人間的な行為を心に刻もうとしない者は、またそうした危険に陥りやすいのです。*64」

この演説が語られた背景の一つには、当時のドイツにおいてアウシュヴィッツを代表とするホロコーストの相対化、ドイツの罪責の歴史化など、過去の歴史をなきものにしようとする歴史修正主義の動きがあったことが指摘されます。

私たちの国でもいわゆる「自由主義史観」に立つ人々の言論は、その質はともかく量においてはなお盛んです。キリスト教会においてさえ、過去の教会の罪責への真摯な取り組みは戦後七十年を過ぎて、いまだ十分な実を結んでいるとは言えません。

そのようななかで、若い世代に属する私たちにとって、教会の罪責の連帯性の自覚はますます重要な信仰の課題となってくると思います。私たちはどのようにして先の人々の罪責と向き合い、それをいたずらに一般化、相対化、抽象化させず、ましてや事実を否定したり、隠匿したりせず、これを担い、主の御前に立つことができるのか。このことを大きなテーマとして考え続けていくことが求められるでしょう。

旧約聖書ダニエル書九章の祈りを心に刻みたいと思います。

「主よ。義はあなたにありますが、顔をおおう恥は私たちにあります。今日あるとおり、それはユダの人々、エルサレムの住民にあり、また、近くであれ遠くであれ、あなたが追い散らされた先のあらゆる国々にいる、すべてのイスラエルにあります。彼らがあなたの信頼を裏切ったためです。主よ。顔をおおう恥は私たちにあり、私たちの王たち、首長たち、および先祖たちにあります。私たちはあなたに対して罪を犯してきました。あわれみと赦しは、私たちの神、主にあります。まことに、私たちは神に逆らいました。」

（七〜九節）

第十章　バルメン宣言と日本の教会

1　戦時下の日本の教会

明治以降の日本の教会は、基本的に国家体制に従属的な姿勢をとり続け、その結果として天皇制を基盤とした国家主義体制に順応する道をたどりました。特に十五年戦争期の日本の教会は、「良き臣民たることをもって信仰の中核となす」いわゆる日本的キリスト教の色彩を強く帯びるようになり、土着の祖先崇拝の伝統を乗り越えられないままに神社非宗教論に迎合し、結果的に神社参拝を受け入れていくことになります。

さらに日本の教会は、隣国の朝鮮半島の教会にまで神社参拝の罪を強要するという暴挙に出ます。当然のことながら、現地の教会では大きな抵抗運動が起こります。朝鮮耶蘇教長老会の神社参拝抵抗に業を煮やした日本側は、一九三八年、当時の日本基督教会大会議長富田満らを派遣します。そして、富田ら日本の教会指導者は、朝鮮長老会が神社参拝を決議するように説得の役を果たしたのです。こうして日本の教会は、自らが偶像礼拝の罪を犯しただけでなく、隣国の教会にまで偶像礼拝を強いるという二重の罪を犯したのです。

このように、日本の教会指導者たちがキリスト者である以前に「良き臣民」であろうとし、「神社は宗教にあらず」として自ら偶像礼拝の罪を犯し、隣国にもその罪を強いてさらなる罪を重ねた日本の教会とは、いかなる存在だったのでしょうか。ドイツ告白教会闘争について教えられた視点をもって、当時の日本の教会を見ると、暗澹たる思いにさせられます。

一九三九年の宗教団体法成立によって、日本の教会も合同への歩みを加速させていきます。このときに日本基督教連盟機関誌「連盟時報」には、次の一文が記されました。

「東亜新秩序の長期建設の設計様式は何であろうか、八紘一宇《はっこういちう》の大理想を掲揚してその幻象を実現せんとする精神は、期せずして基督教の根本信念と一致していることを新たに認識せねばならぬ。皇室中心の家族主義を大陸にまで拡大して、その聖恩に浴せしめんとする方針は、これ即ち神を人類の父と仰ぎ人類を兄弟と為す基督教の霊的家族主義を地上に具現化する事に外ならぬ事を知るであろう。これ基督教の神国思想である。[*65]」

さらにその後の一連の教界の動きを、山口陽一先生が次のようにまとめています。

「日本基督教団が成立すると伝道報国もいよいよ露骨になりました。日本基督教団報国団が結成され、神道、仏教と共同で陸海軍への国防献金百万円が募られました。旧教派の少壮指導者は、教師錬成会に集められ、皇国民育成のための訓練を受け、国民儀礼を各教会に実施させる役割を担いました。一九四二（昭和十七）年の『日本基督教団戦時布教方針』を見ると、綱領の第一は『国体の本義（天皇中心の国家のあり方、またはその教本）に撤し大東亜戦争の目的完遂に邁進すべし』であり、実践要目の第四は『宣教の大詔（天皇の開戦布告書）を奉戴し思想国防の完璧を期すると共に進んで国策の遂行に協力すること』とありますから、強いられてではなく、自ら進んでという意気込みです。

一九四三（昭和十八）年には『愛国機献納献金』が募られ、翌年からは教団教師の勤労動員が始まりました。しかし、戦況は悪化の一途をたどり、一九四四（昭和十九）年八月に出された『日本基督教団決戦態勢宣言』では、次のようなことばまで飛び出します。『此の時に当り、皇国の使命を有する本教団は、皇国必勝のために蹶起し、断固矯敵を撃摧し、以て宸襟（天皇の心）を安んじ奉らざるべからず』。まさに狂気です。そして、血迷った（としか言えない）教団は『日本基督教団より大東亜共栄圏に在る基督教徒に送る書翰』により、キリストの大使ならぬ、天皇の大使となって報国の使命を遂げていったのです。*66」

当時の教会の体質を端的に示す一つの例として、一九四四年に作られた「日本基督教団信仰問答稿」の中からいくつかの問答を紹介しておきます。*67

問一　日本基督教団とは何であるか。

答　日本基督教団は昭和十五年宗教団体法の実施を機とし、福音的基督教を信ずる諸派の合同により成立したものであつて、神道諸教派、仏教諸宗派及び日本天主公教と共に文部大臣の認可をうけた宗教団体の一つである。

問二　日本基督教団の本領は何処にあるか。

答　我が教団の本領は皇国の道に則りて、基督教立教の本義に基き国民を教化し以て皇運を扶翼し奉るにある。

問三　皇国の道に則るとは如何なる意味であるか。
答　皇国臣民の自覚に立つて万古不易なる国体を奉戴し、忠孝一本の大義に循つて臣節を全うし、光輝ある肇国の理想を世界に宣揚することである。
問四　基督教立教の本義とは如何なる意味であるか。
答　イエス・キリストによつて啓示せられ、聖書の中に証示せられ、教会に於て告白せられたる神を信じ、其の独子イエス・キリストを救主と仰ぎ、聖霊の指導に従ひ、心を尽して神と人とに仕へ、以て臣道を実践し、皇国に報ずることである。

このように戦時中の日本の教会は、キリストを主と仰ぐことと、天皇を崇拝することを同列に置いた教会であったことを、私たちは忘れてはならないでしょう。

2　日本同盟基督教団の罪責

私の属する日本同盟基督教団は、一八九一年に北米スカンヂナビアン・アライアンス・ミッションから派遣された十五名の宣教師が来日し、飛騨、伊豆、千葉などで宣教を開始したことを始まりとしています。やがて一九三九年に定められた宗教団体法に基づく教団合同の結果、一九四〇年には日本自由メソヂスト教会、日本ナザレン教会、世界宣教団とともに「日本聖化基督教団」を結成し、一九四一年の日本基督教団設立にともなって教団第八部に所属するに至り、戦時下の歩みを続けていくことになります。

この間、教会は国家に対する自律性を失い、天皇制を基軸とした国家神道体制の中で国民儀礼の名のもとに偶像礼拝の罪を犯し、「宗教報国」というスローガンを掲げてイエス・キリストのみを主と告白する教会のアイデンティティーを喪失したばかりか、朝鮮半島をはじめとするアジア諸国に対する侵略の罪に加担し、それらの国々の教会に対して偶像礼拝を強要するという大きな罪を犯していきました。

当時の同盟協会は教会数やその規模からいっても、日本基督教団全体の中で決して大きな存在ではなく、そこで決定的な役割を果たしたということでもありません。しかしながら、たとえ小さな群れであっても、そして、そのような存在のあり方以外では教会として存続することができなかった時代の状況をもってしても、日本の教会の罪責から免れうるものとは言えません。日本基督教団を形成する一群であったという事実は、その罪責をその後もともに担い続けるべきであることを私たちに課しているのです。

事実、各個教会の歴史の掘り起こし作業のなかで、戦時下の教会の一方では苦渋に満ちた姿、しかし他方では信仰の闘いを闘い抜くことのできなかった赤裸々な姿が明らかにされてきています。

これらの作業は、同盟教団の旧靖国問題検討委員会や教団史編纂委員会の活動を通して与えられてきた学びとも深く結びついています。同盟教団がその時代にどのような姿勢を取ったのかを、山口陽一先生が次のように明らかにしておられます。

「日本同盟基督協会について言えば、一九三九年の『宗教年鑑』に十項目の『日本同盟基督協会　一、教義　伝道教義の大要』が掲げられる。その『第十、国民の義務』は、『王を尊び、上に在る権威に従ひ、祖先を崇拝し、日本帝国に君臨し給ふ万世一系の天皇を奉戴し、国憲を重んじ、国法に遵ひ、国の平和を計り秩序を保つものとす』である。木下弘人氏の証言によれば、一九四〇年の皇紀二千六百年奉祝全国基督教信徒大会の折、同盟協会の当時の幹部も靖国神社に参拝したという。私は史料によりこれを確認できていないが、これから述べるように、そのような時代であった。

一九四一年十二月十日、東京府主催の各団体による戦勝祈願式が行われ、『中野教会からは松田政一と河上保雄が参加した。雨の降る中、午前十時に靖国神社に集合し、両名は祈願式に参列。終了後は宮城まで行進し、宮城を遥拝して万歳三唱して散会した。』 また、一九四二年六月一日から六日、全国から四十七人の教師を集め、芝公園女子会館で『第一回基督教教師錬成会』が開催された。皇国の道に従うよう錬成を受け、最終日には全員が二班に別れて宮城奉拝《ママ》並びに靖国神社参拝した。参加者には、第八部から野村徳次、大橋武雄、大江信、また戦後同盟に加わる安藤仲市の名がある[*68]。」

ここに登場する「松田政一」は、同盟教団の戦後の総会議長を長年務めた指導者であり、「安藤仲市」は先に述べたように私の祖父です。つまり、私にとって同盟教団の戦時下の歴史を見つめることは、自分自身の罪責の課題であり、悔い改めからの出発なしには神の民としての証しを立てることはできないテーマでもあるのです。

3　日本の教会の体質

日本最初のプロテスタント教会である「横浜公会」（現・日本キリスト教会横浜海岸教会）の草創期に暗躍した諜者・安藤劉太郎は、その報告書の中で興味深い報告をしています。それは公会の規則である「公会定規」の細則の一つである「会中規則」（例則）に議論の末に加えられなかった三カ条の存在です。[*69]

それらは当初、「第一条曰　皇祖土神ノ廟前ニ拝跪スヘカラサル事」「第二条曰　王命ト雖モ道ノ為ニハ屈従スヘカラサル事」「第三条曰　父母血肉ノ恩ニ愛着スヘカラサル事」として各々、第一条には出エジプト記二〇章、第二条には使徒の働き四章、第三条にはマタイの福音書一二章を根拠として記されていました。

この内容はいずれも聖書の基本的な教えそのものですが、それだけでなく、特に「日本」という文脈においては、その「日本」的なものと正面から対決しようとする意気込みを感じさせる内容ともなっています。しかしそれだけに、この内容が「日本」との軋轢を生じさせるであろうことは容易に推測されることでもありました。

したがって、これらの三カ条は安藤によれば「会外ノ責ヲ怖ル、モノアリ遂ニ其論一定セズ」、結局、会中規則に盛られることはなく、それらの内容は「入宗ノ徒」が「永ク心ニ誓」うこととして明文化されることがなかったのです。

しかも注目すべき点は、公会定規に続いて定められた公会規則の第十三条、「尤宜ク和平端正ニシテ人ヲ教ヘ、君長ヲ尊敬シ、父母ニ孝順ニ、公法ヲ守ルベキナリ」という条文に示されるように、ここでは先の公会定規で除外された三カ条の内容が、全く正反対のものに変質して明文化されてしまっているのです。

この事実を踏まえて、公会規則は公会定規よりも日本の状況に即したものとなり、さらにそれらが当時の明治政府において教部省が定めていた「三条の教則」、すなわち「一、敬神愛国ノ旨ヲ体スベキ事、一、天理人道ヲ明ニスベキ事、一、皇上ヲ奉戴シ朝旨ヲ遵守スベキ事」の内容との一致符合している点から、これらを教会の国家への「過剰同調」であるとの指摘もされています。*70

またこの出来事と、明治政府による切支丹禁制の高札撤去に至る経緯との間に、ある相関関係が指摘されます。すなわち、明治政府によって高札が撤去されたのは一八七三年二月のことであり、それはちょうど一八七二年から一八七四年にかけての公会定規、公会規則、公会条例の成立時期と重なり合っています。

高札撤去は、日本政府のキリスト教政策に対する欧米諸国からの圧力の成果であり、これに応ずる形で政府は高札を撤去しました。しかし、それは必ずしも政策の転換を意味したものではなく、むしろ欧米諸国の圧力回避のための方便であって、その実質はこのプロセスにおいて内在化・潜在化していったと言えるのではないでしょうか。

そしてこの政府のプロセスと、公会定規において本来主張すべきであった三カ条を「心ニ誓フ」こととして内面化させ、かえって政府の意向に擦り寄るようにして公会規則第十三条を言い添えた公会のプロセスとは、互いに正面からの対決を回避させるとともに、日本的なものにそれぞれが吸収、埋没していくという道をたどったことを明らかにしているのです。

国家との明確な対峙の姿勢を持たず、日本的なものとの衝突を避ける日本の教界の体質は、いまもなお根深く残っているように思われます。むしろ、戦前からの日本の教会の国家への迎合の姿勢は、今日、日本社会の中での教会の「市民宗教化」の動きのなかで新しい形態をとりつつあるようにも感じられるのです。

4　これからの私たちの課題

ドイツの教会の告白のことばから学び続けてきたことのしめくくりとして、これからの私たちの課題ということも考えておきたいと思います。渡辺信夫先生の『カルヴァンとともに』という神学エッセイ集の中に、次のようなことばがあります。「神学的意識ばかり先走っても何もならない。歴史的知識を蓄積せよ。知識が一定量以上に達してはじめて、神学的思考は作動しはじめるのだ。*71」

ここで言われているように、私たちが獲得しなければならないのは、断片的な知識やセンセーショナルな問題意識ではなく、事柄の本質を見極め、そこで何が問われているのかを考え抜く、粘り強い神学的な思索です。

そのためにも、まず第一に物事を歴史的にとらえる視点を養っていくことが必要でしょう。ただ歴史を学ぶということでなく、物事を歴史的にとらえるとき、その事象の背後にあるもの、そこに関わるさまざまな人や事柄との結びつきのなかで、歴史における事柄の意味が浮かび上がってくるような学びが必要です。

第二に、自らの信じる真理について深く知ることが必要です。聖書、神学、教理、それらを知識としても正確に身につけることが、流行り廃りに振り回されない落ち着いた態度を養うことになるでしょう。

第三に、聖書的な世界観を持つということです。聖書を学び、聖書について考えるだけでなく、聖書から学び、聖書に立って世界を見つめ、事柄を考える広い視野と、確かな思索の基盤を形成することが必要です。

第四に、この世との衝突を怖れない、少数者であることを恥じない信仰を養うということです。怖れるべき方を怖れ、敬うべき方を敬い、その方がいかなる主権を持っておられるかを日ごとに覚え、礼拝のたびごとにこの生ける神の臨在から力を得て派遣されていく。そのような骨太な信仰を養いたいと思います。

そして第五に、教会が預言者としての声を獲得していくということです。教会が預言者の声を発していく必要は、今後ますます大きなものとなっていくでしょう。しかもそれは旧約の預言者たちがそうであったように、人々の「聞きたくないことば」、けれども一番に「聞かなければならないことば」を語るということでした。この務めを担うことの覚悟が、これからの日本の教会に求められているように思います。

バルメン宣言から八十四年、戦後七十三年を迎えたいまの私たちの国の状況は、きわめて深刻なものと言わなければなりません。民族主義、排外主義の台頭、政治と社会の極端な右傾化、復古主義的な国家神道体制への回帰の動きは加速しています。その一方でキリスト教界全体を見渡せば、おしなべて沈黙またはかつての「日本的キリスト教」復古のような動きさえ見て取れます。そのようななかで、私たちが教会の過去の歴史と、そこで発せられたことばを学ぶのは、単なる過去の回想にとどまらず、むしろこれからの時代への備えの意味を帯びるでしょう。

いま、このとき、教会の告白的な信仰、私たち一人一人の告白的な信仰の生き方が鋭く問われています。私自身が信仰の歩みのなかで日ごろからそうありたいと願い、また機会あるごとに語り続けているのは、「信じることと生きることの一致」ということです。本書のサブタイトルを「告白に生きる信仰」としたのも、信じることと生きることを切り離さない信仰、信じることを言い表していく信仰、生き様がそのまま信仰の告白となるような生き方を皆さんと一緒に追い求めていきたい、という願いを込めてのことでした。

「信仰告白の事態」の様相を深めるこの時代にあって、いつでも、どこでも、だれに対しても、生けるキリストのみを主と告白して生きる。信じることと生きることとが分かたれない。そのような告白に生きる信仰を証ししていきたいと願います。

注

1　「信仰告白の事態」をめぐる以下の議論については、山口陽一・朝岡勝『キリストが主だから――いま求められる告白と抵抗』新教出版社、二〇一六年、五〇頁以下を参照。

2　ナチ政権成立の経過と教会の対応については、河島幸夫『戦争と教会――ナチズムとキリスト教』いのちのことば社、二〇一五年、二二頁以下を参照。

3　ナチ党綱領第二十四条。訳文はワルター・ホーファー『ナチス・ドキュメント』救仁郷繁訳、ぺりかん社、一九六九年、四四頁。

4　河島幸夫『ナチスと教会――ドイツ・プロテスタントの教会闘争』創文社、二〇〇六年、一〇～一一頁。

5　ほかに教職八十七名、信徒五十一名とする説もある。なお、参加者のひとりであったゲアハルト・ニーメラーが戦後に編纂したバルメン会議の記録には、出席全議員の生年月日や職歴が記されている。これによると、参加議員のうち最年長は六十七歳、最年少は二十六歳。二十代、三十代の議員は四十七名と全議員数の三分の一を超えている。Gerhard Niemöller (Hg.):Die erste Bekenntnissynode der Deutchen Evangelischen Kirche zu Barmen II, Vandenhoeck & Ruprecht, 1959, S. 11-25.

6　エーバーハルト・ブッシュ『カール・バルトの生涯　一八八六－一九六八』小川圭治訳、新教出版社、一九九五年、三四四頁。

7　同書、三四四頁。

8　宮田光雄『十字架とハーケンクロイツ』新教出版社、二〇〇〇年、一四〇頁。

9　同書、一四一頁。

10　雨宮栄一『バルメン宣言研究　ドイツ教会闘争史序説』日本基督教団出版局、一九七五年、二六六頁。

11　訳文は、エーバーハルト・ブッシュ『改革派教会 その教派のプロフィール』池永倫明訳、いのちのことば社発売、二〇一七年、六九頁より。

12　『改革派教会信仰告白集Ⅰ』「ベルン提題」菊池信光訳、一麦出版社、二〇一一年、一三七頁。

13　『改革派教会信仰告白集Ⅵ』「教会の形態に関する神学的宣言」（デュッセルドルフの命題）雨宮栄一訳、一麦出版社、二〇一二年、三三三頁以下。

14　『ハイデルベルク信仰問答』吉田隆訳、新教出版社、一九九七年。以下、すべて引用は同書による。

15　ディートリヒ・ボンヘッファー『ボンヘッファー選集3　キリストに従う』森平太訳、新教出版社、一九九六年、一六～一七頁。

16　ワルター・ホーファー『ナチス・ドキュメント』一七三頁。

17　河島幸夫『ナチスと教会――ドイツ・プロテスタントの教会闘争』二三二頁。

18　宮田光雄『十字架とハーケンクロイツ』一四二頁

19　雨宮栄一『バルメン宣言研究　ドイツ教会闘争史序説』二七五頁。

20　カルヴァン『新約聖書註解Ⅷ　コリント前書』田辺保訳、新教出版社、一九六三年、五四～五五頁。

21　加藤常昭『加藤常昭説教全集二九　ニケア信条・バルメン宣言・わたしたちの信仰告

白』教文館、二〇〇六年、三七六〜三七七頁。
22 宮田光雄『十字架とハーケンクロイツ』一四二頁。
23 同書、一四四頁。
24 雨宮栄一『バルメン宣言研究　ドイツ教会闘争史序説』二八〇頁。
25 以下の記述および、草稿文案についての詳細な議論は、佐藤司郎『カール・バルトの教会論　旅する神の民』（新教出版社、二〇一五年）の第三章「バルメン宣言の教会論」第一節「教会の主イエス・キリスト――第三項」一〇三頁以下を参照。
26 加藤常昭『愛の手紙・説教』教文館、二〇〇〇年、二七〇〜二七一頁。
27 宮田光雄『宮田光雄思想史論集別巻　ヨーロッパ思想史の旅』創文社、二〇〇八年、六八〜七〇頁。
28 H・E・テート『ヒトラー政権の共犯者、犠牲者、反対者』宮田光雄、佐藤司郎、山崎和明共訳、創文社、二〇〇四年、三八四頁。
29 当時の教会の牧師と信徒による闘いの姿を描いたものとして知られるのが、オットー・ブルーダー『嵐の中の教会』森平太訳（新教出版社、一九六〇年〈改訂版、一九九九年〉）である。
30 この追加修正をめぐる経緯については、佐藤、前掲書のほか、E・ブッシュ『カール・バルトの生涯』三四五頁を参照。
31 訳文は、ルター研究所訳『アウグスブルク信仰告白』（リトン、二〇一五年）二六頁による。

32　『福音と世界』牧田吉和「戦いの信仰告白としての『アマスフォールト・テーゼ』」新教出版社、二〇〇〇年一一月号を参照。
33　佐藤司郎、前掲書、一二三頁以下の議論を参照。
34　『ボンヘッファー選集6　告白教会と世界教会』森野善右衛門訳、新教出版社、一九六八年、一一三〜一一五頁。
35　雨宮栄一『バルメン宣言研究』二八四頁。
36　宮田光雄『十字架とハーケンクロイツ』一四四頁。
37　宮田光雄『ナチ・ドイツの精神構造』岩波書店、一九九一年、四七〜四八頁。
38　宮田光雄『十字架とハーケンクロイツ』一五七頁。
39　雨宮栄一『バルメン宣言研究』二九〇頁。
40　カール・バルト『カール・バルト著作集7』「バルメン宣言第五項をめぐる対話」雨宮栄一訳、新教出版社、一九七五年、三〇九〜三一〇頁。
41　同書、三〇一頁。
42　歴史の中でローマ書一三章がどのように解釈され、利用されてきたかを実証的に跡づけた包括的な研究として、宮田光雄『国家と宗教――ローマ書十三章解釈史＝影響史の研究』（岩波書店、二〇一〇年）を参照。なお、スコットランドにおけるキリスト主権の理解については、信州夏期宣教講座編『日本宣教と天皇制』瀧浦滋「天皇制を聖書から考える」（いのちのことば社、二〇〇一年）を参照。
43　以上の記述はもっぱら宮田先生の著書に依拠しており、そこからの筆者なりのまとめであることを、特にことわっておきたい。

44　この認識を学ぶうえで重要な御言葉は何といってもヨハネの黙示録一三章である。「竜」（すなわちサタン）に支配される「二匹の獣」（帝国化する国家と神格化された王）は、明らかに歴史の中に繰り返し登場していると言わなければならない。私たちは、新約聖書におけるローマ人への手紙一三章とヨハネの黙示録一三章の「二つの一三章」によく目を配る必要がある。この点については岡山英雄『改訂版　小羊の王国——黙示録は終末について何を語っているのか』（いのちのことば社、二〇一六年）を参照。

45　カール・バルト『カール・バルト著作集7』三一二頁。

46　同書、三一七頁。

47　佐藤司郎『カール・バルトの教会論』第三章「バルメン宣言の教会論」第二節「教会の政治的神奉仕——第五項の意味と射程」一三一頁以下を参照。

48　雨宮栄一『バルメン宣言研究』二九二～二九三頁。

49　宮田光雄『十字架とハーケンクロイツ』一五八頁。

50　『日本基督教会信仰問答［草案］』日本基督教会信仰問答草案作成委員会、一九五八年、一八七頁以下。

51　雨宮栄一『バルメン宣言研究』二九九頁。

52　宮田光雄『十字架とハーケンクロイツ』一四五頁。

53　オットー・ブルーダー『嵐の中の教会——ヒトラーと戦った教会の物語』森平太訳、新教出版社、一九九九年、一五三頁以下。

54　訳文は『改革派教会信仰告白集Ⅵ』所収の雨宮栄一訳、四四頁による。

55　訳文は、武田武長『世のために存在する教会』新教出版社、一九九五年、一二〇～一二二頁による。
56 同書、一二〇頁。今日でもヨーロッパの神学界におけるユダヤ人問題は重要なテーマである。大戦末期のドイツ国内においてユダヤ人絶滅計画とその行使の情報は教会にも伝えられてきており、この点について罪責告白が沈黙していることの問題は大きい。
57 宮田光雄『十字架とハーケンクロイツ』三九八頁。
58 同書、四〇三～四〇四頁。
59 H・E・テート『ヒトラー政権の共犯者、犠牲者、反対者』六二六～六二七頁。
60 武田武長『世のために存在する教会』一四六～一四八頁。
61 同書、一四二～一四五頁。
62 同書、一五三頁。
63 同書、一二三～一三七頁。
64 リヒャルト・フォン・ヴァイツゼッカー『荒れ野の四十年――ヴァイツゼッカー大統領演説全文』永井清彦訳、岩波書店、一九八六年、一六頁。
65 引用は、日本同盟基督教団「教会と国家」委員会『「教会と国家」ブックレット 同盟教団の戦争責任』山口陽一「日本同盟基督教団の戦争責任」二〇一〇年、二～三頁より。
66 同書、五頁。
67 日本基督教団宣教研究所教団史料編纂室編『日本基督教団史資料集 第二篇 戦時下の日本基督教団』日本基督教団宣教研究所、一九九八年、七四～七五頁。
68 『日本同盟基督教団史研究』第三号、山口陽一「戦時下の教会はなぜ神社参拝をしたのか」日本同盟基督教団教団史編纂委員会、二〇一〇年、二二一〜二二三頁（なお基督教教師錬成会については、『教団時報』第二二八号、昭和十七年六月十五日付を参照）。

69 小澤三郎『幕末明治耶蘇教史研究』日本基督教団出版局、一九七三年、三一六頁。

70 東京基督神学校編『基督神学』第三号、山口陽一「教会と国家」東京基督神学校、一九八六年。

71 渡辺信夫『カルヴァンとともに』創文社、一九七三年、二九五頁。

参考文献

雨宮栄一『バルメン宣言研究　ドイツ教会闘争史序説』日本基督教団出版局、一九七五年
雨宮栄一『ドイツ教会闘争の展開』日本基督教団出版局、一九八〇年
雨宮栄一『ドイツ教会闘争の挫折』日本基督教団出版局、一九九一年
雨宮栄一『神の言葉はとこしえに保つ　バルメン宣言による説教』新教出版社、一九八四年
雨宮栄一『ドイツ教会闘争の史的背景』日本キリスト教団出版局、二〇一三年
雨宮栄一・森岡巌編『罪責を担う教会の使命』新教出版社、一九八七年
池田浩士『ヴァイマル憲法とヒトラー』岩波書店、二〇一五年
石田勇治『ヒトラーとナチ・ドイツ』講談社、二〇一五年
加藤常昭『ドイツ告白教会の説教』教文館、二〇一三年
加藤常昭『加藤常昭説教全集29　ニケア信条・バルメン宣言・わたしたちの信仰告白』教文館、二〇〇六年
河島幸夫『戦争・ナチズム・教会』新教出版社、一九九三年
河島幸夫『ナチスと教会——ドイツ・プロテスタントの教会闘争』創文社、二〇〇六年
河島幸夫『戦争と教会　ナチズムとキリスト教』いのちのことば社、二〇一五年
木村靖二編『新版世界各国史13　ドイツ史』山川出版社、二〇〇一年
倉松功『ドイツ教会闘争——バルメン宣言の研究』日本基督教団出版局、一九五四年
佐藤司郎『カール・バルトの教会論』新教出版社、二〇一五年
對馬達雄『ヒトラーに抵抗した人々』中央公論新社、二〇一五年
宮田光雄『国家と宗教——ローマ書十三章解釈史＝影響史の研究』岩波書店、二〇一〇年

宮田光雄『十字架とハーケンクロイツ』新教出版社、二〇〇〇年
宮田光雄『政治と宗教倫理』岩波書店、一九七五年
宮田光雄『ナチ・ドイツの精神構造』岩波書店、一九九一年
宮田光雄編『ドイツ教会闘争の研究』創文社、一九八六年
宮田光雄・柳父圀近編『ナチ・ドイツの政治思想』創文社、二〇〇二年
宮田光雄『バルメン宣言の政治学』新教出版社、二〇一四年
宮田光雄『カール・バルト　神の愉快なパルチザン』岩波書店、二〇一五年
R・P・エリクセン『第三帝国と宗教　ヒトラーを支持した神学者たち』古賀敬太、木部尚志、久保田浩訳、風行社、二〇〇〇年
M・ガイガー『ドイツ教会闘争』佐々木悟史、魚住昌良訳、日本基督教団出版局、一九七一年
K・クピッシュ『ドイツ教会闘争への道』雨宮栄一訳、新教出版社、一九六七年
R・ジェラテリー『ヒトラーを支持したドイツ国民』根岸隆夫訳、みすず書房、二〇〇八年
P・シュタインバッハ、J・トゥヘル編『ドイツにおけるナチスへの抵抗一九三三―一九四五』田村光彰他訳、現代書館、一九九八年
H・E・テート『ヒトラー政権の共犯者、犠牲者、反対者――《第三帝国》におけるプロテスタント神学と教会の《内面史》のために』宮田光雄、佐藤司郎、山崎和明訳、創文社、二〇〇四年
J・テーラー、W・ショー『ナチス第三帝国事典』吉田八岑監訳、三交社、一九九三年
E・ブッシュ『改革派教会　その教派のプロフィール』池永倫明訳、いのちのことば社発売、二〇一七年
W・ホーファー『ナチス・ドキュメント』救仁郷繁訳、ぺりかん社、一九六九年

増補改訂　あとがき

小さな学びから生まれた拙い書物を、新たな装いで皆さんにお届けする機会が与えられたことを、主の恵みと思い、感謝しています。二〇一一年に初版が発行されて以来、リパブックスとして二〇一五年、二〇一六年と再刷され、多くの方々が手にしてくださいました。ついに在庫もなくなるというタイミングで、なお本書を求めてくださる声があることを知り、今回、「増補改訂」とした次第です。本書の成り立ちについては、本文の中にも記しましたが、あらためて初版の「あとがき」の一部をご紹介しておきます。

「教会の牧師室で交わした小さな会話をきっかけにして、二〇〇八年四月からおよそ一年にわたり、若い兄弟姉妹たちとともにバルメン宣言を読む機会が与えられました。月に一度の金曜日の晩、忙しい週末にもかかわらず、学校や勤め先から駆けつけてこられる兄弟姉妹たちと、彼らを励ましながら集うＫＧＫ主事の皆さんの熱心な姿にただただ励まされつつ、拙いながらも学びを準備し、お話しし続けることができたのは大きな喜びでした。

ドイツ告白教会闘争、バルメン宣言については、学生時代にオットー・ブルーダーの『嵐の中の教会』を手にして以来、自分の学びの課題として多くの専門家の先生方の書物を通して教えられてきたことであり、牧師となってからは説教や牧会において自分自身の基本姿勢としたいと願ってきたことでもあります。また、この思いを共有してくださっている徳丸町キリスト教会でも夕拝や祈禱会で語り、神学校における信条学の講義やいくつかの場での講演という形でもお話ししてきました。しかしながら、一牧師の学びの域を出ないものを書物という形にすることについては今なおためらう心がないわけではありません。

それでも今回、いのちのことば社のご厚意で二十一世紀ブックレットに加えていただくことを決心したのは、その多くがはじめて『バルメン宣言』の名を耳にした福音派の若い兄弟姉妹たちとともに戦時中のドイツの教会の闘いを学び、日本の教会のこれからについて真剣に語り合ったという出来事を、主の御前に一つの証しとしたいという願いのゆえです。

私自身、四代目の牧師家庭に育ち、祖父が戦時中の弾圧を経験した者として、幼いころから戦時下における教会の被害者性についてはおぼろげながら感じ取っていました。けれども、日本の教会のアジアの兄弟姉妹たちに対する加害者性と、主の御前における偶像礼拝と戦争責任の罪を知ったのは十代の終わりから二十代の初めにかけてのことでした。その点でも、今回のブックレットが学生や青年の方々との共同の作業の記録であることにはなにかしらの意味があるように思い、ぜひ教会の若い兄弟姉妹たちに本書を読んでいただきたいと願っています。」

最初の講演から十年、書物となってから七年あまりが経過しましたが、今回、増補改訂に取り組むことにしたきっかけは、この間の私たちの社会に起こったさまざまな出来事を踏まえてのことです。二〇一一年三月十一日の東日本大震災、二〇一二年の第二次安倍内閣発足から今日までの日本の状況を思うとき、あらためて「バルメン宣言」に学ぶことの意義を痛感させられ、この間に学んだこと、考えさせられたことを反映することにしました。旧版をお読みくださった方にも、あらためて手にしていただけるとありがたいと思っております。

小さな書物であっても、それなりの意味を帯びてさまざまな繋がりが与えられました。書評を書いてくださった牧田吉和先生、上中栄先生、出版をきっかけに多くの励ましをくださった宮田光雄先生、雨宮栄一先生、佐藤司郎先生をはじめ、「読みましたよ」と声を掛けてくださった多くの方々がありました。教会や有志の読書会のテキストに用いてくださっているといううれしい知らせも受けました。光栄なことです。

なかでも、日本キリスト教会函館相生教会では二〇一四年十月から二〇一六年十一月まで、毎月の教会の読書会で本書を取り上げ、全体を読み通しただけでなく、二〇一七年八月には、筆者を招いてまとめの講演会を開いてくださいました。教会で読まれることを願っていた私にとっては、まことに幸いな機会でした。この場をお借りして同教会の久野牧先生と教会の皆さんに心からの感謝を申し上げます。

今回も筆者の思いを十分に汲み取って装画・装丁をしてくださったホンダマモルさん、出版の機会を与え、編集の労をとってくださったいのちのことば社の米本円香さんに大変お世話になりました。

最後に、本書を生み出すきっかけを作ってくださったキリスト者学生会の大嶋重徳総主事、かつてともに学びのテーブルを囲み、いまは社会で主への告白に生きる信仰に歩んでいる、セミナーに集った若い兄弟姉妹たち、そして終わりまでイエスを主と告白する教会形成を志す、愛する徳丸町キリスト教会の兄弟姉妹と家族に感謝を申し上げます。

二〇一八年五月二十九日　バルメンの会議から八十四年を覚えて

朝岡　勝

著者

朝岡　勝（あさおか・まさる）

1968年茨城県出身。東京基督教短期大学、神戸改革派神学校卒。日本同盟基督教団徳丸町キリスト教会牧師。
著書に『〈あの日〉以後を生きる——走りつつ、悩みつつ、祈りつつ』『ニカイア信条を読む——信じ、告白し、待ち望む』『ハイデルベルク信仰問答を読む —— キリストとのものとされて生きる』（いずれも、いのちのことば社）、共著に『福島で生きていく』（いのちのことば社）、『キリストが主だから いま求められる告白と抵抗』（新教出版社）ほか。

増補改訂　「バルメン宣言」を読む
——告白に生きる信仰

2011年 1 月15日　発行
2018年 8 月25日　増補改訂発行

著　者　　朝岡 勝
装画・装丁　ホンダマモル
印刷製本　　シナノ印刷株式会社
発　行　　いのちのことば社
〒164-0001 東京都中野区中野2-1-5
電話 03-5341-6922（編集）
03-5341-6920（営業）
FAX03-5341-6921
e-mail:support@wlpm.or.jp
http://www.wlpm.or.jp/

ISBN 978-4-264-03954-9